怎样学好普通话丛书

YUEFANGYANQU
ZENYANG XUEHAO PUTONGHUA

粤方言区
怎样学好普通话

教育部语言文字应用研究所 组编
国家语委普通话与文字应用培训测试中心

本册主编：张　舸　黄年丰
编　　写：周忠昊　梁施乐
审　　读：周小兵

中国教育出版传媒集团 ● 语文出版社

·北京·

图书在版编目（ＣＩＰ）数据

粤方言区怎样学好普通话 / 教育部语言文字应用研
究所，国家语委普通话与文字应用培训测试中心组编. --
北京 ：语文出版社，2024.11
　　ISBN 978-7-5187-1661-6

　　Ⅰ. ①粤… Ⅱ. ①教… ②国… Ⅲ. ①普通话－自学
参考资料 Ⅳ. ①H102

中国国家版本馆CIP数据核字(2023)第001600号

责任编辑	张双亭	
装帧设计	刘姗姗	
出　　版	🌐 语文出版社	
地　　址	北京市东城区朝阳门内南小街51号　　100010	
电子信箱	ywcbsywp@163.com	
排　　版	北京九章文化有限公司	
印刷装订	北京鑫海金澳胶印有限公司	
发　　行	语文出版社　新华书店经销	
规　　格	890mm×1240mm	
开　　本	A5	
印　　张	4.875	
字　　数	122千字	
版　　次	2024年11月第1版	
印　　次	2024年11月第1次印刷	
定　　价	22.00元	

📞 010-65253954（咨询）010-65251033（购书）010-65250075（印装质量）

前　言

　　我国宪法规定：国家推广全国通用的普通话。

　　新中国成立以来，在党中央、国务院坚强领导下，普通话推广工作蓬勃发展，取得举世瞩目的成就。2020年全国普通话普及率超过80%，实现了普通话在全国范围内基本普及、语言交际障碍基本消除的历史性目标。新时代新征程，坚定不移推广普及国家通用语言文字，向着全面普及的新目标稳步迈进，要聚焦重点，精准施策，着力解决推广普及不平衡不充分问题，不断提升国家通用语言文字普及程度和质量。为更好满足广大群众学习普通话、提高普通话水平的需求，教育部语言文字应用研究所、国家语委普通话与文字应用培训测试中心联合语文出版社，精心策划和组织编写了这套"怎样学好普通话丛书"。

　　本丛书是一套基础性、大众化的普通话学习用书，包括系统描述普通话语音、词汇、语法等知识的基础读本，以及针对不同方言区的专用读本。在保证内容表述科学规范的前提下，力求语言平实、深入浅出、通俗易懂。没有语言学专业基础的读者，通过学习基础读本，能够对普通话特别是普通话语音有比较系统的了解。不同方言区的读者，通过学习专用读本，可以比较熟练地掌握普通话与方言的对应规律，针对学习重点与难点进行练习，更快更好地提高普通话水平。

应邀参加本丛书编写、审读的专家学者，既有享有盛誉的著名语言学家，也有学有专长的知名专家和优秀青年学者。他们长期从事普通话教育教学及研究，具有扎实的专业理论功底和丰富的实践经验，对推广普通话满怀热忱，对编写和审读工作精益求精，保证了本丛书的科学性、专业性和实用性。谨向他们表示敬意和感谢！

教育部语言文字应用研究所
国家语委普通话与文字应用培训测试中心

|目　录|

导　论
粤方言使用概况

　　粤方言是发源于北方的中原雅言（汉族母语），于秦汉时期传播到两广地区，与当地古越语相融合而产生的一种汉语方言，广泛使用于广东省中西部，广西南部，香港、澳门等地以及东南亚、北美的主要华人社区。

一、粤方言概况

　　粤方言又叫广府话、广东话、白话等，是全国七大方言之一，包括粤方言区内众多次方言和次方言以下土语等。粤方言的使用人口，在国内（含港澳台）约为 5000 多万，主要分布在珠江三角洲，粤中地区、粤西南地区、粤北部分地区和广西东南部地区，海南省和台湾省也有一些人使用粤方言。在国外，约有 1500 万至 2000 万人使用粤方言，主要分布在美洲、大洋洲、欧洲、非洲及东南亚各国。粤方言的代表语是广州话。

　　根据《中国语言地图集》，广东省的粤方言可分为：1. 广府片，分布于广东 11 个省辖市，是粤方言中分布最广，使用人口最多的一种次方言。2. 四邑片，主要分布于江门市及珠海市斗门镇。3. 勾漏片，主要分布于肇庆市及清远市的部分辖区县（市）。4. 高阳片，主要分布于茂名市、阳江市及湛江市的吴川、廉江等地。5. 吴化片，主要分布于茂名市的化州，湛江市的坡头、吴川等地。

　　粤方言具有悠久的历史。据语言学者们的研究，粤方言的源头可以追溯到春秋战国时期。当时岭南属于楚国疆域，经过古楚语与百越民族语言融合吸收，粤方言逐渐形成了。如西汉学者扬雄《方言》中"南楚谓眄曰睇"，"睇"（看）至今粤方言中仍在使用。自秦汉起，随着汉人南下与南北人员来往的增多，中原文化在岭南地区传播，中原汉语与早期粤方言继续融合，粤方言中的中原汉语成分也日益增多，而古百越语的特点仍然保留着。到了唐宋时期，粤方言已经从中原汉语中分化出来，逐渐成熟，成为具有独立系统的、与北方汉语存在明显差距的一种汉语方言了。今天的粤方言定型于宋元时期，明清后变化不大。漫长的历史过程使得粤方言最终发展成我们今天所见的样子：既不同于中原汉语，也不同于汉语其他方言，而是一个深具特色的、糅合古楚语、古百越语和中原汉语而成的汉语方言。

二、粤方言的语言特点

　　粤方言一方面继承、保留了古汉语的特点，另一方面也吸收了一些南方非汉语的成分，使之与普通话及其他汉语方言相比，有较大的差异，具有独特的语言特点。①

---

① 整理自詹伯慧《广东粤方言概要》，暨南大学出版社，2002 年。

1.语音特点

（1）声母方面，粤方言没有普通话的 j、q、x、zh、ch、sh、r，但是也有一些普通话里没有的声母，如 gw、kw、ng。此外，粤方言声母与普通话声母对应规律较复杂，会成为学习普通话的一个难点。

（2）韵母方面，粤方言韵母共 53 个，比普通话韵母（39 个）多 14 个。粤方言中有普通话没有的以〔œ〕、〔ɔ〕等为主元音的韵母，而普通话中有的 er、en、eng 等韵母，粤方言没有。此外，粤方言中保留了中古汉语的 –m、–n、–ng、–p、–t、–k 等辅音韵尾，而普通话中只留下了 –n 和 –ng。韵母复杂的对应规律也成为学习普通话的一个难点。

（3）声调方面，粤方言声调大多在 8 到 10 个之间，而普通话声调只有 4 个。虽然粤方言声调与普通话声调有一些对应规律，但粤方言中保留有入声，而普通话中已经没有入声了，入声字在普通话四声中都有出现，规律较难把握。

2.词汇特点

（1）词汇内容方面，粤方言中有一批相当数量的、方言色彩浓厚的口语常用词，而且不少是反映岭南自然环境、日常生活、风俗习惯、思维方式和社会文化的词。这部分词与普通话有一定的差别。

（2）词汇来源方面，由于历史、社会文化背景等因素，粤方言中保留了不少来自古汉语和民族语的词，同时也吸收了一些外来词，这些外来词主要来自英语。

（3）结构形式方面，粤方言保留有相当多的单音节词，与之对应的，普通话则用双音节词甚至多音节词表示。此外，形容词重叠的形式、构词语素及其构词能力等方面也存在差异。

（4）词汇意义方面，同样一个词，粤方言和普通话包含的意义有时会有差别，这也会导致日常生活交际过程中出现表达不到位的现象。

（5）词汇发展方面，随着社会的发展，粤方言除了不断吸收来自港澳的词语外，也吸收了不少来自普通话的词语，部分词语也渗透到了普通话中。

3. 语法特点

（1）构词方面，粤方言有一部分后缀，如"－仔""－佬""－婆""－公""－乸"，在普通话中会用其他后缀或其他形式表示。此外个别词语序与普通话相反，如粤方言说"菜干"，普通话说"干菜"。

（2）体貌系统方面，粤方言有丰富的体貌系统，部分体貌标记位置与普通话不同，或用其他方式表示。如粤方言说"我食紧饭"，而普通话则是"我正在吃饭"。

（3）量词与名词搭配方面，粤方言与普通话有搭配不一致的地方，在学习使用时要注意。如粤方言可以说"一部车""一部电脑"，普通话却是"一辆车""一台电脑"。

（4）语序方面，粤方言后置成分较多，而普通话倾向使用前置成分或其他表达方式。如粤方言多说"你走先"，而普通话则是"你先走"。

（5）句式特点方面，粤方言的比较句、双宾句等句式的语序和结构与普通话不同。此外，处置义普通话多用"把"字句来表达，粤方言却使用其他句式来表达。

三、粤方言区学习普通话的主要方法

粤方言区的学习者应该怎样学习普通话呢？第一，应该把重点放在语音学习上，要充分了解并掌握普通话的正确发音，尤其是要掌握普通话声母、韵母与粤方言声母、韵母的对应规律及不同点，了解掌握粤方言区说普通话时比较难发的音。第二，有了一定的语音基础后，就要把学习的重点放在词汇和语法上，否则，学到的普通话就会带有明显的方言特色。第三，与学习其他任何一种语言一样，要勤学多练。比如，要经常收听收看普通话广播电视节目，日常多说普通话，还可以充分利用《汉语拼音方案》正音，逐步掌握字、词、句、篇的普通话规范读音。

第一章

粤方言区学习普通话语音的难点及应对

普通话是汉民族共同语，是规范化的现代汉语，是中华人民共和国法定的通用语言。汉语方言是汉语在各个地方的变化形式。无论是方言还是普通话，都源于古代汉语，彼此之间有非常密切的联系。它们之间既有共性，也有差异性。汉语方言很复杂，普通话和各种方言在语音、词汇和语法方面的区别因具体的方言而呈现不同的情况。有的方言比较接近普通话，有的则与普通话有很大的差异。一般来说，普通话和方言之间的差异，语音方面最为明显，其次是词汇，第三是语法。粤方言与普通话的差异较大，这种差异在语音方面体现得尤为明显。粤方言区的普通话学习者在练习普通话语音时，要注意以下基于普通话和粤方言的对比分析总结出来的难点，只有解决了这些难点问题，才能为说好普通话打下坚实的基础。

一、声母方面的难点及应对

（一）粤方言区学习普通话声母的主要问题

1. 发不准 zh、ch、sh、r

由于粤方言中没有 zh、ch、sh、r，学习者很难发准这四个音，容易将 zh、ch、sh 发成粤方言中有的声母 z、c、s 或者近似 j、q、x 的音，把 r 发成 i 开头的零声母音节。例如把"赵老师"发成"造老司"或者"造老西"，把"吃饭"发成"呲饭"或者"七饭"，把"然后"发成"延后"。

2. 发不准 j、q、x

由于粤方言中没有 j、q、x，学习者也很难发准这三个音，容易将它们发得近似粤方言中的声母 z、c、s，或者是带有舌尖音色彩的 j、q、x，或者 g、k、h。例如把"交换"发成"遭换"或"ziāo 换"，把"巧妙"发成"草妙"或"ciǎo 妙"，把"开玩笑"发成"开玩膆"或者"开玩 siào"，把"搅一搅"发成"搞一搞"，把"橡皮筋"发成"橡皮根"。

3. 混淆 h、k、f

尽管粤方言中也有 h、k、f 这三个声母，但与汉字的匹配和普通话不一样，容易造成混淆。例如"开、空"在粤方言中是 h 声母，在普通话中是 k 声母；"花、婚"在粤方言中是 f 声母，在普通话中是 h 声母；"苦、快"在粤方言中是 f 声母，在普通话中是 k 声母；"虎、灰"在粤方言中是 f 声母，在普通话中是 h 声母。因此粤方言区的普通话学习者容易把这几个声母搞混，例如把"结婚"发成"结分"，把"痛苦"发成"痛腐"，把"虎门"发成"府门"。

4. 混淆 n、l

因为 n、l 发音部位相同，发音相似，所以即使粤方言中也有这两个声母，学习者还是容易混淆这两个音。例如把"你们"发成"里门"，把"那个"发成"辣个"，把"蓝色"发成"男色"，把"黎明"发成"泥明"。

5.发不好 u 开头的零声母音节

普通话中 u 开头的零声母音节，粤方言区普通话学习者有时会带上声母 m。如把"务必"发成"木必"，把"文化"发成"门化"，把"尾巴"发成"美巴"。

（二）声母针对性训练

1.分清 z、c、s、zh、ch、sh 和 j、q、x

粤方言区的普通话学习者都存在分不清平舌音 z、c、s、翘舌音 zh、ch、sh 和舌面音 j、q、x 的问题。

粤方言区都有平舌音 z、c、s（如粤方言中的"渣、茶、沙"），所以可从这三个音入手，体会舌尖前音 z、c、s 的发音特点，舌头放平，舌尖轻触齿背，发音时让气流从舌尖和齿间挤出。

和 z、c、s 相比，翘舌音 zh、ch、sh 的发音部位有所不同，舌头要往上翘，舌尖抵住硬腭前部，发音时让气流从舌尖和硬腭之间挤出。

和平舌音 z、c、s，翘舌音 zh、ch、sh 相比，舌面音 j、q、x 既有平舌音 z、c、s 的部分发音特点（舌头放平），又有翘舌音 zh、ch、sh 的部分发音特点（舌头与硬腭前部构成阻碍），其发音的要点是，舌头放平，略略后缩，舌尖离开齿背；然后舌面上抬，让舌面前部抵住硬腭前部，发音时让气流从舌面和硬腭之间挤出。

请练习。

单项练习

z 舌尖前、不送气、清、塞擦音。发音时，舌尖轻轻抵住齿背，形成阻碍，较弱的气流将阻碍冲开一条窄缝，由窄缝中挤出，摩擦成声，声带不颤动。

| 早 zǎo | 曾 zēng | 坐 zuò | 总 zǒng | 杂 zá |
| 嘴 zuǐ | 走 zǒu | 怎 zěn | 赞 zàn | 宗 zōng |

在座 zàizuò　　自尊 zìzūn　　总则 zǒngzé　　藏族 zàngzú

c　舌尖前、送气、清、塞擦音。发音情况与 z 基本相同，只是在除阻时口腔呼出的气流较强，形成送气音。

词 cí　　册 cè　　凑 còu　　催 cuī　　擦 cā

错 cuò　　餐 cān　　层 céng　　村 cūn　　蹿 cuān

猜测 cāicè　　从此 cóngcǐ　　粗糙 cūcāo　　苍翠 cāngcuì

s　舌尖前、清、擦音。发音时，舌尖接近上齿背，形成窄缝，气流从窄缝中挤出，摩擦成声，声带不颤动。

洒 sǎ　　搜 sōu　　所 suǒ　　色 sè　　赛 sài

岁 suì　　三 sān　　森 sēn　　桑 sāng　　酸 suān

思索 sīsuǒ　　诉讼 sùsòng　　洒扫 sǎsǎo　　僧俗 sēngsú

zh　舌尖后、不送气、清、塞擦音。发音时，舌尖上翘，抵住硬腭前部，形成阻碍，较弱的气流将阻碍冲开一条窄缝，由窄缝中挤出，摩擦成声，声带不颤动。

追 zhuī　　准 zhǔn　　浊 zhuó　　职 zhí　　者 zhě

摘 zhāi　　照 zhào　　站 zhàn　　真 zhēn　　中 zhōng

珍珠 zhēnzhū　　政治 zhèngzhì

周折 zhōuzhé　　茁壮 zhuózhuàng

ch　舌尖后、送气、清、塞擦音。发音情况与 zh 基本相同，只是在除阻时口腔呼出的气流较强，形成送气音。

齿 chǐ　　插 chā　　柴 chái　　吵 chǎo　　虫 chóng

川 chuān　　吹 chuī　　产 chǎn　　辰 chén　　常 cháng

驰骋 chíchěng　　抽查 chōuchá

出差 chūchāi　　车床 chēchuáng

sh　舌尖后、清、擦音。发音时，舌尖上翘，接近硬腭前部，形成窄缝，气流从窄缝中挤出，摩擦成声，声带不颤动。

刷 shuā   硕 shuò   顺 shùn   双 shuāng   沙 shā

舌 shé   水 shuǐ   手 shǒu   帅 shuài   商 shāng

山水 shānshuǐ   少数 shǎoshù

事实 shìshí   神圣 shénshèng

j　舌面、不送气、清、塞擦音。发音时，舌面前部抵住硬腭前部，形成阻碍，较弱的气流将阻碍冲开一条窄缝，由窄缝中挤出，摩擦成声，声带不颤动。

加 jiā   节 jié   叫 jiào   经 jīng   就 jiù

今 jīn   姜 jiāng   捐 juān   君 jūn   迥 jiǒng

加剧 jiājù   结晶 jiéjīng   坚决 jiānjué   交际 jiāojì

q　舌面、送气、清、塞擦音。发音情况与 j 基本相同，只是在除阻时口腔呼出的气流较强，形成送气音。

起 qǐ   侨 qiáo   窃 qiè   秋 qiū   恰 qià

前 qián   墙 qiáng   青 qīng   雀 què   群 qún

恰巧 qiàqiǎo   亲切 qīnqiè   崎岖 qíqū   全球 quánqiú

x　舌面、清、擦音。发音时，舌面前部接近硬腭前部，形成窄缝，气流从窄缝中挤出，摩擦成声，声带不颤动。

西 xī   写 xiě   小 xiǎo   信 xìn   下 xià

星 xīng   虚 xū   熊 xióng   鲜 xiān   香 xiāng

喜讯 xǐxùn   现象 xiànxiàng   选修 xuǎnxiū   小学 xiǎoxué

对比练习

磁 cí—其 qí   资 zī—基 jī

司 sī—师 shī   阻 zǔ—主 zhǔ

诗 shī—稀 xī   战 zhàn—剑 jiàn

长 cháng—强 qiáng   少 shǎo—小 xiǎo

侄女 zhínǚ—子女 zǐnǚ   舒适 shūshì—苏轼 sūshì

针线 zhēnxiàn—金线 jīnxiàn　　诗词 shīcí—稀奇 xīqí

普通话中声母是 j、q、x 的字，在粤方言中有的是 g、k、h，要注意区分。j、q、x 是舌面与上腭构成阻碍发出的音，g、k、h 是舌根与软腭构成阻碍发出的音。

声母前 j、q、x 后 g、k、h：

脑筋 nǎojīn—脑跟 nǎogēn

两斤 liǎngjīn—两根 liǎnggēn

补救 bǔjiù—补够 bǔgòu

雄壮 xióngzhuàng—红壮 hóngzhuàng

舅父 jiùfù—扣父 kòufù

巧妙 qiǎomiào—好妙 hǎomiào

2. 分清 h、f 和 k

粤方言区的部分普通话学习者存在不同程度的 h、f、k 相混的情况，例如分不清"好事"和"考试"、"欢乐"和"翻乐"、"健康"和"健夯"，分不清"坏车"和"快车"。在处理这三个声母时，要注意他们之间最显著的差别。发 h 时上齿不能与下唇接触，而发 f 时下唇必须上抬与上齿接触，这是 h 和 f 最大的不同。此外，发 h 时，舌根抬高，接近软腭但不接触，气流从舌根和软腭中挤出，发 f 时，舌头是平的，发音时气流从上齿和下唇间挤出。而发 k 时，舌根要抬得更高，要抵住软腭，发音时要用强气流冲破舌根和软腭构成的阻碍。

请练习。

单项练习

h　舌根、清、擦音。发音时，舌根接近软腭，形成窄缝，气流从窄缝中挤出，摩擦成声，声带不颤动。

黑 hēi　　花 huā　　滑 huá　　祸 huò　　话 huà

昏 hūn　　　鹤 hè　　　　吼 hǒu　　　　荒 huāng　　　怀 huái

航海 hánghǎi　　辉煌 huīhuáng　　缓和 huǎnhé　　呼喊 hūhǎn

f　唇齿、清、擦音。发音时，下唇接近上齿，形成窄缝，气流从窄缝中挤出，摩擦成声，声带不颤动。

发 fā　　　放 fàng　　　废 fèi　　　冯 féng　　　否 fǒu

匪 fěi　　　反 fǎn　　　方 fāng　　　肥 féi　　　佛 fó

方法 fāngfǎ　　丰富 fēngfù　　非凡 fēifán　　奋发 fènfā

k　舌根、送气、清、塞音。发音情况与 g 基本相同，只是在除阻时口腔呼出的气流较强，形成送气音。

看 kàn　　　课 kè　　　寇 kòu　　　库 kù　　　卡 kǎ

靠 kào　　　肯 kěn　　　块 kuài　　　盔 kuī　　　凯 kǎi

开垦 kāikěn　　　　　宽阔 kuānkuò

可口 kěkǒu　　　　　空旷 kōngkuàng

对比练习

声母前 h 后 f：

盒饭 héfàn　　　恢复 huīfù　　　耗费 hàofèi

挥发 huīfā　　　海风 hǎifēng　　化肥 huàféi

声母前 f 后 h：

富豪 fùháo　　　繁华 fánhuá　　防护 fánghù

符合 fúhé　　　发挥 fāhuī　　　分化 fēnhuà

声母前 k 后 h：

考核 kǎohé　　　口号 kǒuhào　　客户 kèhù

看好 kànhǎo　　快活 kuàihuó　　科幻 kēhuàn

声母前 h 后 k：

航空 hángkōng　　好看 hǎokàn　　缓考 huǎnkǎo

货款 huòkuǎn　　户口 hùkǒu　　黑客 hēikè

声母前 f 后 k：

付款 fùkuǎn	放宽 fàngkuān	罚款 fákuǎn
方块 fāngkuài	防控 fángkòng	访客 fǎngkè

声母前 k 后 f：

看法 kànfǎ	开发 kāifā	克服 kèfú
库房 kùfáng	康复 kāngfù	宽泛 kuānfàn

容易发错：

老胡 lǎohú—老符 lǎofú	发生 fāshēng—花生 huāshēng
废话 fèihuà—会话 huìhuà	公费 gōngfèi—工会 gōnghuì
快车 kuàichē—坏车 huàichē	衣裤 yīkù—依附 yīfù
考试 kǎoshì—好事 hǎoshì	空洞 kōngdòng—轰动 hōngdòng

3. 分清 n 和 l

要读准 n 和 l，关键在于控制软腭的升降。因为 n 和 l 都是舌尖抵住上齿龈发的音，不同之处主要在于是从鼻腔出气，还是从舌头两边出气，所以练习发音时，必须着重练习控制软腭的升降和舌头的收窄放宽。

另外，也可采用捏鼻孔的办法检验。捏住鼻孔，发音困难的是 n，发音没有困难的是 l。

请练习。

单项练习

n　舌尖中、浊、鼻音。发音时，舌尖抵住上齿龈，形成阻碍，软腭下降，打开鼻腔通路，气流由鼻腔通过，声带颤动。

那 nà	牛 niú	女 nǚ	怒 nù	难 nán
内 nèi	奴 nú	鸟 niǎo	能 néng	闹 nào
牛奶 niúnǎi	泥泞 nínìng	农奴 nóngnú	男女 nánnǚ	

l 舌尖中、浊、边音。发音时，舌尖抵住上齿龈，形成阻碍，气流从舌头两边或一边通过，声带颤动。

六 liù	楼 lóu	老 lǎo	乐 lè	来 lái
蓝 lán	罗 luó	玲 líng	丽 lì	冷 lěng
理论 lǐlùn	玲珑 línglóng	拉练 lāliàn	劳累 láolèi	

对比练习

声母前 n 后 l：

努力 nǔlì	闹铃 nàolíng	年龄 niánlíng
能量 néngliàng	农历 nónglì	鸟笼 niǎolóng

声母前 l 后 n：

理念 lǐniàn	来年 láinián	岭南 lǐngnán
留念 liúniàn	冷暖 lěngnuǎn	老年 lǎonián

容易发错：

年年 niánnián—连连 liánlián

浓重 nóngzhòng—隆重 lóngzhòng

女客 nǔkè—旅客 lǔkè

恼怒 nǎonù—老路 lǎolù

4. 发好声母 r

粤方言语音系统中没有翘舌声母 r，所以学习者处理声母 r 时，有的没有翘舌读成 i 开头的零声母，有的翘舌过度，舌头碰到上腭，读成 l 声母。

发 r 时，舌头要翘起来，舌尖接近硬腭前部，气流从舌尖和硬腭之间挤出。练习时也可以通过声母 sh 带动发出声母 r 的音，因为 r 和 sh 的区别仅仅在于清浊的不同，sh 是清音，r 是浊音，所以要想读准 r，只要在 sh 的基础上，加入声带颤动的发音动作就可以了。

如"是—日、社—热、生—扔"。

请练习。

单项练习

r 舌尖后、浊、擦音。发音与 sh 基本相同,只是声带颤动形成浊音。

日 rì	惹 rě	绕 rào	柔 róu	然 rán
人 rén	如 rú	让 ràng	肉 ròu	弱 ruò
仍然 réngrán	柔软 róuruǎn	忍让 rěnràng	如若 rúruò	

对比练习

声母前 r 后 l:

人力 rénlì	容量 róngliàng	热烈 rèliè
日历 rìlì	热量 rèliàng	绕路 ràolù

声母前 l 后 r:

例如 lìrú	老人 lǎorén	利润 lìrùn
腊肉 làròu	冷热 lěngrè	炼乳 liànrǔ

声母前 r 后 i:

容易 róngyì	任意 rènyì	燃油 rányóu
日月 rìyuè	肉眼 ròuyǎn	容颜 róngyán

声母前 i 后 r:

依然 yīrán	诱人 yòurén	羊肉 yángròu
嫣然 yānrán	炎热 yánrè	妖娆 yāoráo

容易发错:

日常 rìcháng—异常 yìcháng   燃料 ránliào—蓝料 lánliào

人员 rényuán—银圆 yínyuán   犹如 yóurú—鱿鱼 yóuyú

仍旧 réngjiù—营救 yíngjiù—棱就 léngjiù

热饭 rèfàn—夜饭 yèfàn—乐饭 lèfàn

5. 发好 u 开头的零声母字

普通话中 u 开头的零声母字，粤方言区的普通话学习者有时会发成 m 声母字。发 u 开头的零声母字时，注意双唇不要闭合。

请练习。

单项练习

五 wǔ	吴 wú	文 wén	问 wèn	万 wàn
网 wǎng	蛙 wā	外 wài	我 wǒ	翁 wēng

五位 wǔwèi   慰问 wèiwèn   威望 wēiwàng

威武 wēiwǔ   五万 wǔwàn   万物 wànwù

对比练习

声母前 u 后 m：

新闻 xīnwén—新门 xīnmén   晚上 wǎnshang—满上 mǎnshàng

味道 wèidào—妹道 mèidào   无情 wúqíng—谋情 móuqíng

文明 wénmíng—门明 ménmíng

（三）声母综合训练

1. 读下面的绕口令，注意声母的发音。

（1）八百标兵奔北坡，炮兵并排北边跑。炮兵怕把标兵碰，标兵怕碰炮兵炮。

（2）粉红墙上画凤凰，凤凰画在粉红墙。红凤凰、粉凤凰、红粉凤凰花凤凰。

（3）河边有棵柳，柳下一头牛。牛要去顶柳，柳条缠住了老牛头。

（4）哥跨瓜筐过宽沟，赶快过沟看怪狗。光看怪狗瓜筐扣，瓜滚筐空哥看狗。

（5）稀奇稀奇真稀奇，三只小鸡不吃米。不吃米，吃啥东西？虫子青菜最欢喜。

（6）早晨早起做早操，天天做操身体好。

（7）四是四，十是十。十四是十四，四十是四十。十四不是四十，四十不是十四。

（8）游大嫂买肉，荣大妈买油，游大嫂买肉不买油，荣大妈买油不买肉。

2.读下面的材料，注意声母的发音。

（1）假日到河滩上转转，看见许多孩子在放风筝。一根根长长的引线，一头系在天上，一头系在地上，孩子同风筝都在天与地之间悠荡，连心也被悠荡得恍恍惚惚了，好像又回到了童年。

（2）春天，我将要住在杭州。二十年前，旧历的二月初，在西湖我看见了嫩柳与菜花，碧浪与翠竹。由我看到的那点儿春光，已经可以断定，杭州的春天必定会教人整天生活在诗与图画之中。所以，春天我的家应当是在杭州。

（3）在浩瀚无垠的沙漠里，有一片美丽的绿洲，绿洲里藏着一颗闪光的珍珠。这颗珍珠就是敦煌莫高窟。它坐落在我国甘肃省敦煌市三危山和鸣沙山的怀抱中。

（4）森林涵养水源，保持水土，防止水旱灾害的作用非常大。据专家测算，一片十万亩面积的森林，相当于一个两百万立方米的水库，这正如农谚所说的："山上多栽树，等于修水库。雨多它能吞，雨少它能吐。"

二、韵母方面的难点及应对

（一）粤方言区学习普通话韵母的主要问题

1.发不准单韵母 e、er 和复韵母 uei

普通话中，e 发音时舌位靠后，开口度不大，而粤方言对应的一

些字或者发成舌位靠前、开口度较大的 ê 音，或者发成 o 音。例如把
"车"发成 chê，把"歌"发成 go。

e 和 ê 的区别有两点，一是舌位前后不同，发 e 时，舌头向后缩；
发 ê 时，舌头向前伸；二是开口度不同，发 e 时，上下唇略分开即可，
发 ê 时，嘴巴要半张开，开口度比发 e 时大。

e 和 o 的区别则在于前者是不圆唇音，后者是圆唇音。

粤方言的韵母中没有卷舌元音 er，所以学习者发这个音时，常
常舌头卷不起来。例如把"二"发成"饿"，把"儿子"发成"蛾子"。

复韵母 uei 在辅音声母后面时省写为 ui，但发音的时候还是要有
一个中间的 e 音，不能直接发成 u+i。粤方言区的普通话学习者在发
复韵母 uei 时，容易出现两种不标准的情况，一是发得过于短促，中
间的 e 被漏掉了，如把"瑞"发成 r+u+i；二是受方言韵母 oi 的影响，
开口度过大，把 ui 发成 oi，如把"对"发成 d+o+i。

2. 分不清前鼻音和后鼻音

尽管粤方言中也有前鼻音和后鼻音，但具体读法和分布与普通话
有很大差异，所以在学习普通话时学习者很容易混淆前、后鼻音。例
如分不清"音乐"和"应乐"、"朋友"和"盆友"。

3. 介音模糊或脱落

介音是指韵母中主要元音之前的元音，在普通话中介音只有三
个，分别是 i、u 和 ü。粤方言区学习者在说普通话时常常把介音模糊
化，甚至脱落，尤其是介音 i 和 u。例如把"漂亮"发得近似"炮浪"，
把"光脚"发得近似"刚早"，把"降火"发成"葬 hǒ"。

（二）韵母针对性训练

1.分清 e、o、ê 和 er

粤方言区的普通话学习者存在不同程度的单韵母 e、o、ê 和 er 相混的情况，因此练习时要特别注意三者的区别。发 e 时，上下唇略略分开，舌头平着往后缩，舌头后部隆起，嘴唇向两边自然咧开发音；发 o 时，舌位和 e 是一样的，区别仅在于嘴唇是拢圆的。

请练习。

单项练习

e　发音时，口半闭，扁唇，舌头后缩，舌面后部略隆起，舌面两边微卷，舌面中部稍凹，嘴角向两边微展，声带振动。软腭上升，关闭鼻腔通路。

科 kē	各 gè	河 hé	可 kě
乐 lè	择 zé	特 tè	得 dé
隔阂 géhé	合格 hégé	客车 kèchē	
特色 tèsè	折射 zhéshè	这个 zhège	

o　发音时，口半闭，圆唇，舌头后缩，舌面后部略隆起，声带振动。软腭上升，关闭鼻腔通路。

波 bō	莫 mò	佛 fó	破 pò
博 bó	播 bō	磨 mó	末 mò
伯伯 bóbo	婆婆 pópo	默默 mòmò	薄膜 bómó
泼墨 pōmò			

ê　发音时，嘴巴自然打开，扁唇，舌头前伸，舌面前部略隆起，舌尖抵住下齿背，嘴角向两边微展，声带振动。软腭上升，关闭鼻腔通路。在普通话中，ê 只在语气词"欸"中单用。ê 不与任何辅音声母相拼，只构成复韵母 ie、üe，并在书写时省去上面的附加符号"ˆ"。

欸 ê	接 jiē	月 yuè

学业 xuéyè	雀跃 quèyuè	血液 xuèyè
贴切 tiēqiè	雪夜 xuěyè	决绝 juéjué

er 普通话中唯一的一个卷舌元音，发音时要一边发音一边卷舌，不能卷好舌头再发音，也不能不卷，如果不卷，就容易发成近似 e 的音。发 er 韵母的要点是，舌头放松，放在口腔中间的位置，先发音，听到声音后开始卷舌，卷到舌尖对着硬腭就可以停了。此外，er 韵母字第四声比第二声和第三声开口度要大①，所以发"二"时，开始发的是一个近似"啊 à"的音，然后再卷舌。

而 ér	儿 ér	尔 ěr
耳 ěr	饵 ěr	二 èr
而且 érqiě	儿歌 érgē	耳朵 ěrduo
二胡 èrhú	二十 èrshí	儿童 értóng

对比练习

儿子 érzi—蛾子 ézi　　女儿 nǚ'ér—女娥 nǚ'é

而且 érqiě—鹅切 éqiè　　二十 èrshí—啊十 àshí—饿十 èshí

2. 分清前鼻音和后鼻音

普通话里，前鼻韵母和后鼻韵母 an—ang、en—eng、in—ing、ian—iang、uan—uang、uen—ueng 等分得很清楚。但在粤方言中却存在着混读的现象，最多见的就是把两类混读为一类。

分辨前后鼻韵母，首先一定要发准 n 和 ng 两个鼻音。这两个音的共同点是，都是鼻音，如果捏住鼻子，都发不出来；这两个音的区别是，口腔通道的封闭形式不同，发 n 时，舌头前部抵住上齿龈，封闭口腔通道；发 ng 时，舌头后部顶住软腭，封闭口腔通道。

①er 韵母没有第一声的字。

练习前鼻音字时，后面尽量不选声母是 g、k、h 的音节，而要选 n 声母音节。例如：安宁、信念、困难、忍耐、仙女、温暖、烂泥、沉溺、悬念。训练后鼻音字时，后面尽量不选声母是 d、t、n、l 的音节，而要选声母是 g、k、h 的音节。例如：风格、苹果、宁可、情况、浪花、香菇、轻快、公告、停课、生活。理解和掌握这些发音要领后，认真进行对比练习，就容易将上述两类词语区分开了。此外，还可以利用一些方法记住哪些字念前鼻音，哪些字念后鼻音。

请练习。

单项练习

an 发音时，起点元音是前低不圆唇元音 a［a］（前 a），舌尖抵住下齿背，舌位降到最低，软腭上升，关闭鼻腔通路。从"前 a"开始，舌面升高，舌面前部抵住硬腭前部，当两者将要接触时，软腭下降，打开鼻腔通路，紧接着舌面前部与硬腭前部闭合，使在口腔受到阻碍的气流从鼻腔里透出。口形由开到合，舌位移动较大。

按 àn	班 bān	盘 pán	难 nán
单 dān	谈 tán	展 zhǎn	餐 cān
参战 cānzhàn	反感 fǎngǎn	烂漫 lànmàn	
谈判 tánpàn	坦然 tǎnrán	赞叹 zàntàn	

en 发音时，起点元音是央元音 e［ə］，舌位中性（不高不低不前不后），舌尖接触下齿背，舌面隆起部位受音节末尾的鼻辅音的影响略靠前。从央元音 e［ə］开始，舌面升高，舌面前部抵住硬腭前部，当两者将要接触时，软腭下降，打开鼻腔通路，紧接着舌面前部与硬腭前部闭合，使在口腔受到阻碍的气流从鼻腔里透出。口形由开到闭，舌位移动较小。

恩 ēn	盆 pén	分 fēn	肯 kěn
恨 hèn	沈 shěn	忍 rěn	怎 zěn

根本 gēnběn　　　　门诊 ménzhěn　　　　人参 rénshēn

认真 rènzhēn　　　　深沉 shēnchén　　　　振奋 zhènfèn

in　发音时，起点元音是前高不圆唇元音 i〔i〕，舌尖抵住下齿背，软腭上升，关闭鼻腔通路。从舌位最高的前元音 i〔i〕开始，舌面升高，舌面前部抵住硬腭前部，当两者将要接触时，软腭下降，打开鼻腔通路，紧接着舌面前部与硬腭前部闭合，使在口腔受到阻碍的气流从鼻腔透出。开口度几乎没有变化，舌位动程很小。

印 yìn　　　　　　斌 bīn　　　　　　民 mín　　　　　您 nín

金 jīn　　　　　　新 xīn　　　　　　琴 qín　　　　　贫 pín

近邻 jìnlín　　　　拼音 pīnyīn　　　　信心 xìnxīn

辛勤 xīnqín　　　　引进 yǐnjìn　　　　濒临 bīnlín

ün　发音时，起点元音是前高圆唇元音 ü〔y〕。与 in 的发音过程基本相同，只是唇形变化不同。从圆唇的前元音 ü 开始，唇形从圆唇逐步展开，而 in 的唇形始终是展唇。

晕 yūn　　　　　　云 yún　　　　　　骏 jùn　　　　　裙 qún

寻 xún　　　　　　孕 yùn　　　　　　菌 jūn　　　　　训 xùn

军训 jūnxùn　　　　均匀 jūnyún　　　　芸芸 yúnyún

群众 qúnzhòng　循环 xúnhuán　　　允许 yǔnxǔ

ian　发音时，从前高不圆唇元音 i〔i〕开始，舌位向前低元音 a〔a〕（前 a）的方向滑降，舌位只降到半低前元音 ê〔ɛ〕的位置就开始升高。发 ê〔ɛ〕后，软腭下降，逐渐增强鼻音色彩，舌尖迅速移到上齿龈，最后抵住上齿龈做出发鼻音 -n 的状态。

边 biān　　　　　绵 mián　　　　　典 diǎn　　　　练 liàn

肩 jiān　　　　　前 qián　　　　　显 xiǎn　　　　燕 yàn

艰险 jiānxiǎn　　简便 jiǎnbiàn　　连篇 liánpiān

前天 qiántiān　　浅显 qiǎnxiǎn　　田间 tiánjiān

uan　发音时，由圆唇的后高元音 u［u］开始，口形迅速由合口变为开口状，舌位向前迅速滑降到不圆唇的前低元音 a［a］（前 a）的位置就开始升高。发 a［a］后，软腭下降，逐渐增强鼻音色彩，舌尖迅速移到上齿龈，最后抵住上齿龈做出发鼻音 –n 的状态。

端 duān	团 tuán	管 guǎn	乱 luàn
欢 huān	川 chuān	软 ruǎn	算 suàn
贯穿 guànchuān	软缎 ruǎnduàn	酸软 suānruǎn	
婉转 wǎnzhuǎn	专款 zhuānkuǎn		

üan　发音时，由圆唇的后高元音 ü［y］开始，向前低元音 a［a］的方向滑降。舌位只降到前半低元音 ê［ε］略后的位置就开始升高。发 ê［ε］后，软腭下降，逐渐增强鼻音色彩，舌尖迅速移到上齿龈，最后抵住上齿龈做出发鼻音 –n 的状态。

捐 juān	全 quán	选 xuǎn	愿 yuàn
宣 xuān	元 yuán	犬 quǎn	绢 juàn
源泉 yuánquán	轩辕 xuānyuán	涓涓 juānjuān	
圆圈 yuánquān	渊源 yuānyuán		

uen　发音时，由圆唇的后高元音 u［u］开始，向央元音 e［ə］的位置滑降，然后舌位升高。发 e［ə］后，软腭下降，逐渐增强鼻音色彩，舌尖迅速移到上齿龈，最后抵住上齿龈做出发鼻音 –n 的状态。唇形由圆唇在向中间折点元音滑动的过程中渐变为展唇。

吞 tūn	伦 lún	滚 gǔn	困 kùn
春 chūn	存 cún	准 zhǔn	问 wèn
昆仑 kūnlún	温存 wēncún	温顺 wēnshùn	
论文 lùnwén	馄饨 húntun	谆谆 zhūnzhūn	

《汉语拼音方案》规定，韵母 uen 和辅音声母相拼时，受声母和声调的影响，中间的元音产生弱化。写作 un。例如"论"写作 lùn，

不作 luèn。

ang 发音时，起点元音是后低不圆唇元音 a［ɑ］（后 ɑ），口大开，舌尖离开下齿背，舌头后缩。从"后 ɑ"开始，舌面后部抬起，当贴近软腭时，软腭下降，打开鼻腔通路，紧接着舌根与软腭接触，封闭了口腔通路，气流从鼻腔里透出。

方 fāng	忙 máng	党 dǎng	烫 tàng
章 zhāng	杭 háng	赏 shǎng	让 ràng
帮忙 bāngmáng	苍茫 cāngmáng		当场 dāngchǎng
刚刚 gānggāng	商场 shāngchǎng		

eng 发音时，起点元音是央元音 e［ə］。从 e［ə］开始，舌面后部抬起，贴向软腭。当两者将要接触时，软腭下降，打开鼻腔通路，紧接着舌面后部抵住软腭，使在口腔受到阻碍的气流从鼻腔里透出。如：

灯 dēng	朋 péng	冷 lěng	证 zhèng
升 shēng	仍 réng	整 zhěng	蹭 cèng
承蒙 chéngméng	丰盛 fēngshèng		更正 gēngzhèng
萌生 méngshēng	声称 shēngchēng		

ing 发音时，起点元音是前高不圆唇元音 i［i］，舌尖接触下齿背，舌面前部隆起。从 i［i］开始，舌面隆起部位不降低，一直后移，舌尖离开下齿背，逐步使舌面后部隆起，贴向软腭。当两者将要接触时，软腭下降，打开鼻腔通路，紧接着舌面后部抵住软腭，封闭口腔通路，气流从鼻腔透出。口形没有明显变化。如：

冰 bīng	名 míng	顶 dǐng	另 lìng
星 xīng	情 qíng	景 jǐng	映 yìng
叮咛 dīngníng	经营 jīngyíng		命令 mìnglìng
评定 píngdìng	清静 qīngjìng		

ong 发音时，起点元音是后高圆唇元音 u［u］，但比 u 的舌位

略低一点，舌尖离开下齿背，舌头后缩，舌面后部隆起，软腭上升，关闭鼻腔通路。从 u［u］开始，舌面后部贴向软腭，当两者将要接触时，软腭下降，打开鼻腔通路，紧接着舌面后部抵住软腭，封闭口腔通路，气流从鼻腔里透出。唇形始终拢圆。《汉语拼音方案》规定，为避免字母相混，以 o 表示开头元音［u］，写作 ong。如：

东 dōng　　农 nóng　　恐 kǒng　　痛 tòng

工 gōng　　虫 chóng　　总 zǒng　　送 sòng

共同 gòngtóng　轰动 hōngdòng　空洞 kōngdòng

隆重 lóngzhòng　通融 tōngróng

iang　发音时，由前高不圆唇元音 i［i］开始，舌位向后滑降到后低元音 a［ɑ］(后 ɑ)，然后舌位升高。从后低元音 a［ɑ］开始，舌面后部贴向软腭。当两者将要接触时，软腭下降，打开鼻腔通路，紧接着舌面后部抵住软腭，封闭口腔通路，气流从鼻腔里透出。如：

相 xiāng　　娘 niáng　　讲 jiǎng　　像 xiàng

央 yāng　　墙 qiáng　　想 xiǎng　　量 liàng

两样 liǎngyàng　　洋相 yángxiàng　　响亮 xiǎngliàng

长江 chángjiāng　　踉跄 liàngqiàng

uang　发音时，由圆唇的后高元音 u［u］开始，舌位滑降至后低元音 a［ɑ］(后 ɑ)，然后舌位升高。从后低元音 a［ɑ］开始，舌面后部贴向软腭。当两者将要接触时，软腭下降，打开鼻腔通路，紧接着舌面后部抵住软腭，封闭口腔通路，气流从鼻腔里透出。唇形从圆唇在向折点元音的滑动中渐变为展唇。如：

光 guāng　　狂 kuáng　　晃 huàng　　壮 zhuàng

窗 chuāng　　王 wáng　　爽 shuǎng　　矿 kuàng

狂妄 kuángwàng　　双簧 shuānghuáng

状况 zhuàngkuàng　　矿藏 kuàngcáng

ueng　发音时，由圆唇的后高元音 u〔u〕开始，舌位滑降到央元音 e〔ə〕的位置，然后舌位升高。从央元音 e〔ə〕开始，舌面后部贴向软腭。当两者将要接触时，软腭下降，打开鼻腔通路，紧接着舌面后部抵住软腭，封闭口腔通路，气流从鼻腔里透出。唇形从圆唇渐变为展唇。在普通话里，韵母 ueng 只有一种零声母的音节形式 weng。如：

翁 wēng　　　蓊 wěng　　　瓮 wèng　　　蕹 wèng

水瓮 shuǐwèng　　　　主人翁 zhǔrénwēng

嗡嗡 wēngwēng　　　　蓊郁 wěngyù

iong　发音时，起点元音是舌面前高圆唇元音 ü〔y〕，发 ü〔y〕后，软腭下降，打开鼻腔通路，紧接着舌面后部抵住软腭，封闭口腔通路，气流从鼻腔里透出。为避免字母相混，《汉语拼音方案》规定，用字母 io 表示起点元音 ü〔y〕，写作 iong。如：

拥 yōng　　　熊 xióng　　　永 yǒng　　　窘 jiǒng

兄 xiōng　　　琼 qióng　　　迥 jiǒng　　　用 yòng

炯炯 jiǒngjiǒng　　汹涌 xiōngyǒng　　穷困 qióngkùn

窘境 jiǒngjìng　　雄心 xióngxīn

对比练习

班会 bānhuì——帮会 bānghuì

延长 yáncháng——羊肠 yángcháng

诊治 zhěnzhì——整治 zhěngzhì

大船 dàchuán——大床 dàchuáng

3. 发好带有介音的韵母

普通话的复韵母和粤方言的复韵母对应关系比较复杂，学习者在练习普通话时都容易把带有介音的复韵母读成没有介音的韵母，或者混淆相似的复韵母,如把"抓"读成"渣",把"刷子"读成"沙子",把"小乖乖"读成"小该该"。

　　练习普通话的韵母时要特别注意韵母的组成,如果有介音,要把介音发清楚。练习时可以将声母先和介音组合,然后持续发音,在这个过程中把后面的部分加进去,如练习"瓜"时,发音顺序为先发 gu(姑)音,不要停,一边发音,一边将嘴巴慢慢打开,发出 a 音,形成一个发得很慢但是准确的 guā 音,然后再加快拼合速度正常发出 guā 音。练习"叫"时,先发 jì(记),不要停,一边发音,一边将嘴巴慢慢打开再收拢,发出 ao 音,形成一个发得很慢但是准确的 jiào 音,然后再加快拼合速度正常发出 jiào 音。

　　请练习。

单项练习

家 jiā	铁 tiě	耍 shuǎ	说 shuō
学 xué	巧 qiǎo	留 liú	摔 shuāi
天 tiān	险 xiǎn	专 zhuān	全 quán
良 liáng	像 xiàng	矿 kuàng	熊 xióng

对比练习

前一个没有介音后一个有介音:

橘 jú—决 jué　　　谈 tán—甜 tián　　　改 gǎi—拐 guǎi

刚 gāng—光 guāng　　该 gāi—乖 guāi

前一个有介音后一个没有介音:

惯 guàn—干 gàn　　　　　夸 kuā—咖 kā

船 chuán—缠 chán　　　　狂 kuáng—扛 káng

容易发错:

怪物 guàiwu—盖物 gàiwù　　抓手 zhuashǒu—扎手 zhashǒu

标准 biāozhǔn—包枕 bāozhěn　判断 pànduàn—判淡 pàndàn

4. 发好中响复元音韵母 uei

粤方言区的普通话学习者在发韵母 uei 时都会出现问题，其中一个共性问题就是受书写形式的影响和方言的影响，把辅音声母后面的 uei 发得过于短促，发成 u 和 i 的简单拼合，而不是标准的 u+e+i。在练习时，要注意把发音动程放慢，先发 u，紧接着发 ei，三个元音紧密结合成一个整体。

请练习。

堆 duī	回 huí	腿 tuǐ	最 zuì
吹 chuī	葵 kuí	水 shuǐ	翠 cuì
摧毁 cuīhuǐ	归队 guīduì	退会 tuìhuì	
垂危 chuíwēi	回味 huíwèi	荟萃 huìcuì	

（三）韵母综合训练

1. 读下面的绕口令，注意韵母的发音。

（1）东洞庭，西洞庭，洞庭山上一根藤，藤上挂铜铃。风吹藤动铜铃动，风停藤定铜铃静。

（2）那边划来一艘船，这边漂去一张床，船床河中互相撞，不知船撞床，还是床撞船。

（3）会炖我的炖冻豆腐，才炖我的炖冻豆腐；不会炖我的炖冻豆腐，就别胡炖乱炖炖坏了我的炖冻豆腐。

（4）哥哥弟弟坡前坐，坡上卧着一只鹅，坡下流着一条河，哥哥说宽宽的河，弟弟说白白的鹅。鹅要过河，河要渡鹅，不知是那鹅过河，还是河渡鹅。

（5）这天天下雨，体育局穿绿雨衣的女小吕，去找穿绿运动衣的女老李。穿绿雨衣的女小吕，没找到穿绿运动衣的女老李，穿绿运动衣的女老李，也没见着穿绿雨衣的女小吕。

2.读下面的材料，注意韵母的发音。

（1）中国的第一大岛、台湾省的主岛台湾，位于中国大陆架的东南方，地处东海和南海之间，隔着台湾海峡和大陆相望。天气晴朗的时候，站在福建沿海较高的地方，就可以隐隐约约地望见岛上的高山和云朵。

（2）中国的牛，永远沉默地为人做着沉重的工作。在大地上，在晨光或烈日下，它拖着沉重的犁，低头一步又一步，拖出了身后一列又一列松土，好让人们下种。等到满地金黄或农闲时候，它可能还得担当搬运负重的工作；或终日绕着石磨，朝同一方向，走不计程的路。

（3）西部是华夏文明的源头。华夏祖先的脚步是顺着水边走的：长江上游出土过元谋人牙齿化石，距今约一百七十万年；黄河中游出土过蓝田人头盖骨，距今约七十万年。这两处古人类都比距今约五十万年的北京猿人资格更老。

（4）诞生于二十世纪三十年代的塑料袋，其家族包括用塑料制成的快餐饭盒、包装纸、餐用杯盘、饮料瓶、酸奶杯、雪糕杯等。这些废弃物形成的垃圾，数量多、体积大、重量轻、不降解，给治理工作带来很多技术难题和社会问题。

三、声调方面的难点及应对

（一）粤方言区学习普通话声调的主要问题

普通话有 4 个声调，粤方言一般有 8 到 10 个声调，学习者在练习普通话时，容易出现调值不准的问题。因此，在练习普通话时，要特别注意 4 个声调的调值，它们分别是 55、35、214 和 51。

由于粤方言没有类似普通话第三声的降升调，也没有类似普通话第四声的全降调，所以最主要的问题就是第三声和第四声发不好，容易发成第二声和第一声。例如把"美人"发成"媒人"，把"个性"发成"歌星"。此外，受入声的影响，粤方言区的普通话学习者在用普通话发方言中的入声字如"笔、笛、级"等时比较短促。

（二）声调针对性训练

1. 读准第三声

发音时由半低起，先降后升，由 2 度降 1 度，再升到 4 度。起音比第二声的音高低一些，注意气息在音调向下降时要稳定，升时要加强。上声的降升变化是平滑的曲线变化，不要有硬拐弯的感觉。

请练习。

表 biǎo　　鼓 gǔ　　减 jiǎn　　老 lǎo　　美 měi　　草 cǎo

2. 读准第四声

发音时由最高音直接降到最低音，即由 5 度降到 1 度。发音时注意要保持音调向下降，不要拖平，此外要注意降到底，不要只降一半。

请练习。

富 fù　　对 duì　　试 shì　　稻 dào　　慢 màn　　壮 zhuàng

3. 避免入声的影响

普通话没有入声，因此没有哪个声调有发音短促的特点。而粤方言有入声，受方言影响，学习者用普通话说方言中的入声字时，通常也会发得比较短促，因此学习者在练习时要特别注意，发音时不要突然停住，要把尾音拉长一些。

请练习。

急 jí　　　拍 pāi　　　逼 bī　　　合 hé　　　摄 shè　　　八 bā

百 bǎi　　十 shí　　业 yè　　忽 hū　　佛 fó　　革 gé

（三）声调综合训练

1.读下面的绕口令，注意声调的发音。

（1）威威、伟伟和卫卫，拿着水杯去接水。威威让伟伟，伟伟让卫卫，卫卫让威威，没人先接水。一二三，排好队，一个一个来接水。

（2）小石与小史，两人起争执。小石说"正直"应该读"政治"，小史说"整治"应该念"整枝"。俩人争得面红耳赤，谁也没读准"正直""整治""政治"和"整枝"。

（3）黄猫毛短戴长毛帽，花猫毛长戴短毛帽，不知短毛猫的长毛帽比长毛猫的短毛帽好，还是长毛猫的短毛帽比短毛猫的长毛帽好。

2.读下面的材料，注意声调的发音。

（1）简而言之，幸福就是没有痛苦的时刻。它出现的频率并不像我们想象的那样少。人们常常只是在幸福的金马车已经驶过去很远时，才拣起地上的金鬃毛说，原来我见过它。

（2）牡丹没有花谢花败之时，要么烁于枝头，要么归于泥土，它跨越委顿和衰老，由青春而死亡，由美丽而消遁。它虽美却不吝惜生命，即使告别也要展示给人最后一次的惊心动魄。

（3）纽约的冬天常有大风雪，扑面的雪花不但令人难以睁开眼睛，甚至呼吸都会吸入冰冷的雪花。有时前一天晚上还是一片晴朗，第二天拉开窗帘，却已经积雪盈尺，连门都推不开了。

（4）水具有很高的热容量，加之海洋浩大，任凭夏季烈日曝晒，冬季寒风扫荡，它的温度变化却比较小。因此，巨大的海洋就像是天然的"温箱"，是孕育原始生命的温床。

四、音变方面的难点及应对

（一）粤方言区学习普通话音变的主要问题

1. 变调掌握不好

普通话"一"的单字调是阴平 55 调值，在单念、表序数或处在词句末尾的时候，不变调。如"第一、一班"。"一"在去声音节前调值由 55 变为 35，如"一样、一件"等。在阴平、阳平、上声（非去声）前，调值由 55 变为 51，如"一般、一同、一起"等。夹在词语中间的时候则读轻声，如"看一看、说一说"。

普通话"不"的单字调是去声 51 调值，如"偏不"。在去声音节前调值则要由 51 变为 35，如"不去、不怕"等。夹在词语中间的时候则读轻声，如"去不去、对不对"等。

普通话中，第三声单念的时候，应该念出完整的先降后升的 214，如"美"；在词末或句末出现的时候，如要发得比较舒缓，也应该发出完整的先降后升的 214 调值，例如"奔跑、真好"；但第三声在第一声、第二声、第四声前，发音变成了降调"21"，如"美工、美白、美丽"；第三声在第三声前，发音变成了升调 35，和第二声一样，如"美好"，读起来和"没好"一样。

粤方言区的普通话学习者如果没有注意上述细节，就发不准声调。

2. 把轻声词发成非轻声词

因为粤方言中没有轻声词，所以学习者在说普通话时很容易将轻声词发成非轻声词。例如把"帘子"发成"莲子"，把"葡萄"发成"葡逃"。

3.把儿化韵发成两个音节

因为粤方言中没有儿化韵，所以学习者在说普通话时很容易把儿化韵发成两个音节。例如把"有趣儿（yǒuqùr）"发成"有趣儿（yǒuqù'ér）"。

（二）音变针对性训练

练习时要注意：一是要有音变意识，主要指变调意识、轻声意识和儿化意识。能够判断哪些情况下应该变调，判断出来后一定不要读成原调。二是根据变调、轻声和儿化的变读规律，把音发准。

1.变调练习

（1）上声变调练习

上声在普通话4个声调中音长最长，发音时先降后升，调值为214。上声在阴平、阳平、上声、去声前都会产生变调，只有在单念或处在词语、句子末尾时才有可能读原调。其变调规律是：

1）上声音节在阴平、阳平、去声（非上声音节）前，丢掉后半段上升的尾巴，调值由214变为半上声21。

请练习。

上声＋阴平：

许多 xǔduō	保温 bǎowēn	打通 dǎtōng
纺织 fǎngzhī	海关 hǎiguān	

上声＋阳平：

祖国 zǔguó	旅行 lǚxíng	导游 dǎoyóu
改革 gǎigé	朗读 lǎngdú	

上声＋去声：

讨论 tǎolùn	土地 tǔdì	感谢 gǎnxiè

挑战 tiǎozhàn　　　　广大 guǎngdà

2）上声音节在上声音节的前面，即两个上声相连，则前一个上声的调值由 214 变为 35，与普通话阳平的调值相同，而后一个上声保持原来的调值不变。

请练习。

上声 + 上声：

懒散 lǎnsǎn　　手指 shǒuzhǐ　　母语 mǔyǔ　　领导 lǐngdǎo

鬼脸 guǐliǎn　　海岛 hǎidǎo　　可口 kěkǒu　　野草 yěcǎo

水果 shuǐguǒ　理解 lǐjiě

3）三个上声音节相连，如果后面没有紧跟着其他音节，也不带什么语气，末尾音节一般不变调。开头和中间的上声音节有两种变调情况：

当词语的结构是"双单格"时，即 2+1 结构，开头和中间的上声音节调值变为 35，跟阳平的调值一样。

请练习。

水彩笔 shuǐcǎibǐ　　　　选举法 xuǎnjǔfǎ

展览馆 zhǎnlǎnguǎn　　　考古所 kǎogǔsuǒ

当词语的结构是"单双格"时，即 1+2 结构，开头音节处在被强调的逻辑重音时，读作"半上"，调值变为 21，中间音节则按两上变调规律变为 35。

请练习。

冷处理 lěngchǔlǐ　　　　小两口 xiǎoliǎngkǒu

好导演 hǎodǎoyǎn　　　海产品 hǎichǎnpǐn

多个上声相连，先要按语音停顿自然分节，然后按双音节、三音节的变调规律变读，停顿前的上声读"半上"，最后一个上声读原调。

你把／美好／理想／给领导／讲讲。

请你／整理好／演讲稿。

请你／给我／打点儿／洗脸水。

（2）"一""不"的变调练习

普通话"一"的单字调是阴平55调值，"不"的单字调是去声51调值，在单念、表序数或处在词句末尾的时候，不变调。这两个字的变调取决于后一个连读音节的声调。

1）"一"有三种变调情况

①在去声音节前调值由55变为35，跟阳平的调值一样。

一半 yībàn   一度 yīdù   一概 yīgài

一共 yīgòng   一向 yīxiàng

②在阴平、阳平、上声（非去声）前，调值由55变为51，跟去声的调值一样。

"一"+阴平：

一般 yībān   一边 yībiān   一端 yīduān

一声 yīshēng   一天 yītiān

"一"+阳平：

一连 yīlián   一时 yīshí   一同 yītóng

一头 yītóu   一群 yīqún

"一"+上声：

一举 yījǔ   一口 yīkǒu   一起 yīqǐ

一手 yīshǒu   一体 yītǐ

③夹在词语中间的时候读轻声。

x+"一"+x：

学一学 xuéyixué   看一看 kànyikàn

谈一谈 tányitán   尝一尝 chángyicháng

2）"不"有两种变调情况

① "不"在去声音节前调值由 51 变为 35，跟阳平的调值一样。

不必 bùbì   不变 bùbiàn   不测 bùcè

不错 bùcuò   不但 bùdàn

②夹在词语中间的时候读轻声。

x+ "不" +x:

买不买 mǎibumǎi   来不来 láibulái

会不会 huìbuhuì   去不去 qùbuqù

2. 轻声练习

和前一个音节相比，轻声音节有又轻又短的特点和韵母模糊化的特点。如 "木头"，"木" 的发音比 "头" 长和重，"头" 的韵母不是清晰的 ou，而是近似于 o。有的学习者能发好常用的轻声词，但不常用的就不知道怎么发了，建议可以练好几个代表词，碰到其他词语的时候，可以用自己练得比较好的词语来带一下。例如，如果能把 "妈妈、爷爷、奶奶、爸爸" 四个常用的轻声词的读法掌握好，就能带其他的词语。轻声音节的前面是第一声，就用 "妈妈" 来带一下，如 "妈妈—窗户"；轻声音节的前面是第二声，就用 "爷爷" 来带一下，如 "爷爷—蘑菇"，同理，"奶奶—耳朵"、"爸爸—月亮"。

请练习。

喜欢 xǐhuan   暖和 nuǎnhuo   动静 dòngjing   称呼 chēnghu

耽误 dānwu   恶心 ěxin   种子 zhǒngzi   师傅 shīfu

剪子 jiǎnzi   豆腐 dòufu   尺寸 chǐcun   洒脱 sǎtuo

脖子 bózi   伺候 cìhou   分量 fènliang   漂亮 piàoliang

老婆 lǎopo   讲究 jiǎngjiu   粮食 liángshi   萝卜 luóbo

姑娘 gūniang   别的 biéde   比方 bǐfang   狐狸 húli

3. 儿化练习

读儿化词的时候，儿化音节的音节数比字数少一个。"花儿"是两个字，但只发一个音节，发完"花"顺带一卷舌即可，中间不要停；"有趣儿"是三个字，但只发两个音节，发完"趣"后顺带加一个 er 音，中间不要停。整个儿化音节音长不要拖太长。

请练习。

花儿 huār　草儿 cǎor　　鸟儿 niǎor　　猫儿 māor　　坡儿 pōr

玩儿 wánr　　口儿 kǒur　　　信儿 xìnr　　　眼儿 yǎnr

小曲儿 xiǎoqǔr　　墨水儿 mòshuǐr　　爆肚儿 bàodǔr

拐弯儿 guǎiwānr　　顶牛儿 dǐngniúr　　门口儿 ménkǒur

刨根儿 páogēnr　　蒜瓣儿 suànbànr　　起名儿 qǐmíngr

做活儿 zuòhuór　　够劲儿 gòujìnr　　照面儿 zhàomiànr

纳闷儿 nàmènr

（三）音变综合训练

1. 读下面的绕口令，注意各种类型音变的发音。

（1）五班的女老师姓马，九班的女老师姓麻。每次学生喊马老师或麻老师，五班的马老师和九班的麻老师都应答。不知道喊的究竟是五班的马老师还是九班的麻老师。

（2）一个大嫂子，一个大小子。大嫂子跟大小子比包饺子，看是大嫂子包的饺子好，还是大小子包的饺子好，再看大嫂子包的饺子少，还是大小子包的饺子少。大嫂子包的饺子又小又好又不少，大小子包的饺子又小又少又不好。

（3）进了门儿，倒杯水儿，喝了两口运运气儿。顺手拿起小唱本儿，唱了一曲儿又一曲儿。练完嗓子练嘴皮儿。绕口令儿，练字音儿，还有单弦儿牌子曲儿；小快板儿、大鼓词儿，越说越唱越带劲儿！

（4）鸡啊、鸭啊、猫啊、狗啊，一块儿水里游啊！

牛啊、羊啊、马啊、骡啊，一块儿进鸡窝啊！

狮啊、虫啊、虎啊、豹啊，一块儿街上跑啊！

兔啊、鹿啊、鼠啊、孩子啊，一块儿上窗台儿啊！

2．读下面的材料，注意各种类型音变的发音。

（1）我国的建筑，从古代的宫殿到近代的一般住房，绝大部分是对称的，左边怎么样，右边怎么样。苏州园林可绝不讲究对称，好像故意避免似的。东边有了一个亭子或者一道回廊，西边决不会来一个同样的亭子或者一道同样的回廊。这是为什么？我想，用图画来比方，对称的建筑是图案画，不是美术画，而园林是美术画，美术画要求自然之趣，是不讲究对称的。

（2）船在树下泊了片刻，岸上很湿，我们没有上去。朋友说这里是"鸟的天堂"，有许多鸟在这棵树上做窝，农民不许人去捉它们。我仿佛听见几只鸟扑翅的声音，但是等到我的眼睛注意地看那里时，我却看不见一只鸟的影子，只有无数的树根立在地上，像许多根木桩。

（3）大雪整整下了一夜。今天早晨，天放晴了，太阳出来了。推开门一看，嗬！好大的雪啊！山川、河流、树木、房屋，全都罩上了一层厚厚的雪，万里江山，变成了粉妆玉砌的世界。落光了叶子的柳树上挂满了毛茸茸、亮晶晶的银条儿；而那些冬夏常青的松树和柏树上，则挂满了蓬松松、沉甸甸的雪球儿。一阵风吹来，树枝轻轻地摇晃，美丽的银条儿和雪球儿簌簌地落下来，玉屑似的雪末儿随风飘扬，映着清晨的阳光，显出一道道五光十色的彩虹。

（4）小鸟给远航生活蒙上了一层浪漫色调。返航时，人们爱不释手，恋恋不舍地想把它带到异乡。可小鸟憔悴了，给水，不喝！喂肉，不吃！油亮的羽毛失去了光泽。是啊，我们有自己的祖国，小鸟也有它的归宿，人和动物都是一样啊，哪儿也不如故乡好！

五、轻重音格式的难点及应对

（一）粤方言区学习普通话轻重音格式的主要问题

粤方言区的有些普通话学习者在朗读和说话时，会把每个字的声韵调原原本本读出来，一字一顿，听起来感觉很生硬、不自然，出现这样的问题，主要就是因为没有把握好普通话的轻重音格式。轻重音格式是普通话词语发音时习惯节律的反映，普通话语音在词语结构中并非都读得一样重，而是各音节的轻重分量、强弱程度不尽相同。

朗读和说话时，如果不能基本正确掌握普通话的轻重音格式，听起来语感上就会不自然，还会带明显的方言语调，普通话也就不纯正了。所以要说好普通话，一定要重视轻重音格式的练习。

（二）轻重音格式针对性训练

普通话多音节词语的几个音节发音上有约定俗成的轻重差别，这就是词语的轻重音格式。轻重音格式中的轻读音节仍然保留声调，比轻声音节读得稍重，但相对于重读音节来说，又读得稍轻，处于居中状态。普通话多音节词语中的音节按读音轻重可分为四个等级：轻—次轻—中—重。

"轻"代表轻声音节，"中"和"次轻"都是轻重音格式中的轻读音节。轻读不是轻声，发音时仍然保留声调，但强度比重读音节弱。"中"是不强调重读也不强调轻读的一般音节。"次轻"是比轻声略重，比"中"略轻的音节。次轻在词典中未标注读为轻声，但在实际口语中可以读作轻声，因其读法因人而异，有人习惯读为轻声，有人习惯读为次轻或中，所以较难与"中"作严格意义上的区分，下文列举的"重·中（次轻）"即为此类。"重"为轻重音格式中的重读音节。

1.双音节词语的轻重音格式

（1）中·重——第一个音节读中音，第二个音节读重音。普通话绝大部分双音节词属于这个格式。

请练习。

爱慕 àimù	搏斗 bódòu	南方 nánfāng	芭蕉 bājiāo
合并 hébìng	女性 nǚxìng	加剧 jiājù	长寿 chángshòu
乡村 xiāngcūn	颁发 bānfā	成就 chéngjiù	教室 jiàoshì
前锋 qiánfēng	继续 jìxù	错位 cuòwèi	帮忙 bāngmáng
宝贵 bǎoguì	地震 dìzhèn	老板 lǎobǎn	致命 zhìmìng
报仇 bàochóu	调解 tiáojiě		

（2）重·中（次轻）——第一个音节读重音，第二个音节发音不稳定，有些可读为中音，有些也可读为次轻，习惯读为次轻的多为口语词或常用词。

请练习。

布置 bùzhì	女士 nǚshì	手艺 shǒuyì	声音 shēngyīn
艺术 yìshù	宝贝 bǎobèi	地位 dìwèi	实惠 shíhuì
制度 zhìdù	面积 miànjī	条理 tiáolǐ	作用 zuòyòng

（3）重·轻——第一个音节读重音，第二个音节读轻声。这类双音节词就是我们常说的轻声词。轻声词是粤方言区普通话学习者学习普通话的难点之一，上节第二部分已进行专门说明。

2.三音节词语的轻重音格式

（1）中·中（次轻）·重——属于前轻后重格式，前两个音节读中音，第三个音节读重音。普通话绝大多数三音节词语都属于这种格式。

请练习。

奥运会 àoyùnhuì　　三角形 sānjiǎoxíng　　安理会 ānlǐhuì

视网膜 shìwǎngmó　　博物馆 bówùguǎn　　东道主 dōngdàozhǔ

芭蕾舞 bālěiwǔ　　自行车 zìxíngchē　　寄生虫 jìshēngchóng

染色体 rǎnsètǐ　　乒乓球 pīngpāngqiú

（2）中·重·轻——第一个音节读中音，中间的音节读重音，末尾的音节读轻声。

请练习。

为什么 wèishénme　　　　老头子 lǎotóuzi

两口子 liǎngkǒuzi　　　　胡萝卜 húluóbo

（3）中·轻·重——第一个音节读中音，中间的音节读轻声，末尾的音节读重音。

请练习。

吃得消 chīdexiāo　　吃不消 chībuxiāo　　了不起 liǎobuqǐ

了不得 liǎobudé　　看得起 kàndeqǐ　　看不起 kànbuqǐ

（4）重·轻·轻——第一个音节读重音，第二、第三个音节读轻声。

请练习。

亲戚们 qīnqimen　　　　朋友们 péngyoumen

孩子们 háizimen　　　　姑娘家 gūniangjia

3.四音节词语的轻重音格式

（1）中·次轻·中·重——第一和第三个音节读中音，第二个音节读得较轻，第四个音节读得最重。普通话绝大多数四音节词语都属于这种格式。

请练习。

根深蒂固 gēnshēndìgù　　　　心旷神怡 xīnkuàngshényí

胸有成竹 xiōngyǒuchéngzhú　　一丝不苟 yīsībùgǒu

一筹莫展 yīchóumòzhǎn　　　　一帆风顺 yìfānfēngshùn

抑扬顿挫 yìyángdùncuò　　　　与日俱增 yǔrìjùzēng

（2）中·次轻·重·轻——第一个音节读中音，第二个音节读次轻，第三个音节读得最重，第四个音节读轻声。

请练习。

大小伙子 dàxiǎohuǒzi　　　　如意算盘 rúyìsuànpan

（3）中·轻·中·重——第一、第三个音节读中音，第二个音节读得最轻，第四个音节读得最重。

请练习。

稀里糊涂 xīlihútú　　叽里呱啦 jīliguālā　　噼里啪啦 pīlipālā

（三）轻重音格式综合训练

1.读下面的绕口令，注意各种类型轻重音格式的发音。

（1）吃葡萄不吐葡萄皮儿，不吃葡萄倒吐葡萄皮儿。

（2）乒乓球，乒乓球，跳过去，跳过来。球拍让球找球台，球台让球找球拍。球拍让球打球台，球台喊球快快来。

（3）天上飘着一片霞，水上飘着一群鸭。霞是五彩霞，鸭是麻花鸭。麻花鸭游进五彩霞，五彩霞挽住麻花鸭。乐坏了鸭，拍碎了霞，分不清是鸭还是霞。

（4）老爷堂上一面鼓，鼓上一只皮老虎。皮老虎抓破了鼓，就拿块破布往上补。只见过破布补破裤，哪见过破布补破鼓。

2.读下面的材料，注意各种类型轻重音格式的发音。

（1）作家必须先胸有成竹地知道了人物的一切，而后设身处地地写出人物的话语来。（老舍）

（2）我注意地看着，眼睛应接不暇，看清楚了这只，又错过了那只，看见了那只，另一只又飞起来了。一只画眉鸟飞了出来，被我们的掌声一吓，又飞进了叶丛，站在一根小枝上兴奋地叫着，那歌声真好听。（巴金）

| 第二章 |

粤方言区学习普通话词汇的难点及应对

普通话有不少词与粤方言是一致的，如天、地、江、河、人、手、动物、植物、季节等事物的名称，区别都不大。但是，由于历史、地理、社会和文化的原因，粤方言里有不少特有的词，这些方言词在音节数、构词、词义、来源等方面与普通话的差异比较大，一般不能直接用在普通话里，而要转换为对应的普通话。当然，粤方言词汇和普通话词汇之间并没有不可逾越的界限，普通话里有些词也是从粤方言词里吸收过来的。

粤方言词汇与普通话词汇的差异虽然没有语音上的差异那么大，但是也往往会妨碍粤方言区人学习并掌握普通话，使粤方言区人不能恰当地把自己要表达的意思说出来。

一、词语音节方面的难点及应对

（一）附加后缀及训练

现代汉语词汇中双音节词占优势，而粤方言中单音节词的数量比普通话多，原因是粤方言保留了更多的古汉语词。普通话的一部分双音节词是在与粤方言相同的词根的基础上加上"子""儿"或其他后缀构成的。下列词语在粤方言中多为单音节词，注意普通话中搭配了哪些后缀。当后缀为"子"等时要读成轻声，后缀为"儿"时，要读作儿化韵。

1. 词根加后缀"子"（左边为粤方言，右边为普通话，下同）

袋—袋子　　　　珠—珠子　　　　袜—袜子　　　　链—链子

镜—镜子　　　　夹—夹子　　　　扇—扇子　　　　竹—竹子

2. 词根加后缀"儿"

棍—棍儿　　　　花—花儿　　　　桃—桃儿　　　　杏—杏儿

鱼—鱼儿　　　　鸟—鸟儿　　　　信—信儿　　　　尖—尖儿

3. 其他后缀

石—石头　　　　　木—木头　　　　　手指—手指头

请练习，在括号里填入适当的后缀。

（1）杯（　　）　　（2）伴（　　）　　（3）盖（　　）

（4）辫（　　）　　（5）裤（　　）　　（6）馅（　　）

（7）凳（　　）　　（8）骨（　　）

（二）双音节词根及训练

　　普通话中的双音节词一部分是在与粤方言相同的词根的基础上再加上一个词根构成的。这些词根部分与另一词根有意义上的关系，如"眼—眼睛"；一部分则关系不大，如"哑—哑巴"。下列词语在粤方言中多为单音节词，学习时要留意普通话搭配了什么样的词根。此外，有一部分词第二个音节习惯读轻声，练习时需注意。

桥—桥梁　　　　忧—担忧　　　　味—味道　　　　眼—眼睛

须—胡须　　　　明—明白　　　　嘴—嘴巴　　　　款—款式

请练习，在括号里填入适当的字，组成双音节词。

（1）房（　　）　　（2）眉（　　）　　（3）咳（　　）

（4）云（　　　）　　　（5）尾（　　　）　　　（6）柴（　　　）

（7）窗（　　　）　　　（8）颜（　　　）

由上可见，粤方言单音节词和普通话的双音节词有的词根是相同的，说普通话时可以直接用粤方言词根加后缀或词根。

（三）综合训练

1. 根据粤方言提示，写出普通话双音节词语。

（1）纽—（　　　）　　（2）样渠概~—（　　　）　　（3）孙—（　　　）

（4）牙—（　　　）　　（5）凉天气好~—（　　　）　　（6）哑—（　　　）

（7）呕—（　　　）　　（8）面食物（　　　）　　（9）痹—（　　　）

2. 选出合适的词。

（1）春天到了，天气（　　　）起来了。

  A. 暖　　　　　B. 暖和　　　　　C. 热　　　　　D. 炎热

（2）今天中午我想吃（　　　）。

  A. 粉　　　　　B. 米面　　　　　C. 米粉　　　　　D. 面粉

（3）你（　　　）是他干了那件（　　　）吧？

  A. 知 / 事儿　　　　　　　　B. 知道 / 事

  C. 知 / 事　　　　　　　　　D. 知道 / 事儿

二、构词方面的难点及应对

（一）词序及训练

粤方言也有相当数量的两个或两个以上词根构成的多音节词，这也是现代汉语中最常见的构词方式。这部分词语中，粤方言与普通话也有不少差异，其中一种便是词序差异。有些词普通话词序与粤方言词序正好颠倒。如：

猫公—公猫	挤拥—拥挤
私隐—隐私	齐整—整齐
质素—素质	人客—客人
累积—积累	菜蔬—蔬菜
数尾—尾数	宵夜—夜宵
为因—因为	下底—底下

请练习，判断下列双音节词是否为普通话，是的打√，不是的打 ×。

经已（　　） 配搭（　　） 紧要（　　） 整齐（　　）

（二）语素及训练

粤方言和普通话中还存在一些在构词上一个语素相同，另一个语素不同，但词义相同或相近的词语。如：

领呔—领带	撞见—碰见
落力—卖力、努力	银包—钱包
挨近—靠近	匀巡—匀称、均匀
滚水—开水	实净—结实

请练习，把下列词语改为普通话词语。

（1）番薯—（　　　） （2）月光—（　　　）

（3）落雪—（　　　） （4）手袜—（　　　）

（5）单车—（　　　） （6）火烛—（　　　）

（7）湿碎—（　　　） （8）雨遮—（　　　）

（9）猪润—（　　　） （10）老定—（　　　）

（11）避忌—（　　　）

（三）综合训练

1. 找出句子中的粤方言词语并将它改成合适的普通话词语。

（1）事情经已这样了，你就别再追问了。（　　　）

（2）你要多吃生果。（　　　）

（3）头发太长了，该去飞发了。（　　　）

（4）都到这地步了，你还有心机去打球？（　　　）

（5）落很大的雨，着水鞋啦！（　　　）

2. 选出合适的词。

（1）晚上肚子饿了，咱们去吃（　　　）吧。

　　　A. 夜宵　　　B. 夜食　　　C. 食夜

（2）小时候，我经常到公园里荡（　　　）。

　　　A. 秋千　　　B. 千秋　　　C. 滑梯　　　D. 木马

（3）要多吃（　　　），注意食物的（　　　）。

　　　A. 菜蔬 / 搭配　　　　　　B. 蔬菜 / 配搭

　　　C. 菜蔬 / 配搭　　　　　　D. 蔬菜 / 搭配

（4）今晚的（　　　）真美。

　　　A. 月光　　　B. 月亮　　　C. 月　　　D. 月明

（5）糖尿病人要尽量（　　　），少吃甜食。

　　　A. 戒口　　　B. 断口　　　C. 忌口　　　D. 戒嘴

3. 判断下面哪种说法是普通话词语。

（1）A. 胆粗　　　B. 粗胆　　　C. 沙胆　　　D. 大胆

（2）A. 勤力　　　B. 用功　　　C. 落力　　　D. 出力

（3）A. 激气　　　B. 劳气　　　C. 恼火　　　D. 劳火

（4）A. 踱桥　　　B. 想计　　　C. 踱招　　　D. 琢磨

（5）A. 威水　　　B. 威猛　　　C. 威风　　　D. 威气

三、词义方面的难点及应对

（一）同形异义词及训练

1.同形异义词

同一个词的词形写法一样，但粤方言和普通话所包含的意思完全不同。例如"偷鸡"，在粤方言里是"偷懒"的意思，与普通话的意思截然不同，如果把这类方言词语直接转换成普通话词语，会造成很大的误会。再如"隔离"一词，在粤方言口语中指"旁边"（我住喺渠隔离），普通话中没有这个意义，只有"使互相不能接触，断绝来往"（他感染了肺炎，要隔离一段时间）的意义。又如"公公""婆婆"在粤方言中分别指的是"外公""外婆"，而在普通话中，"公公"是对太监的称呼，多见于古典小说和传统戏曲，现今多指"丈夫的父亲"，"婆婆"则指"丈夫的母亲"。

2.同形异义词训练

1）读下面的句子，注意画线的词语。

（1）要勤奋工作，不要总是偷懒。

（2）这种病有传染性，所以要隔离观察。

（3）我公公跟我婆婆关系特别好，所以我先生从小就生活在一个幸福的家庭里。

2）体会以下词语在普通话中的含义，并造句。

（1）肉酸——

（2）醒目——

（3）月光——

（二）多义词及训练

普通话和粤方言中有一些多义词，词义往往不是对应的。在普通话里如何正确使用不同的词语来表情达意，是粤方言区人说普通话感到困难的另一个难点。要解决这个问题，需要对粤方言和普通话的词语有准确的理解，然后采用普通话相应的词语。

1. 多义词差异

有些多义词普通话的词义范围大，粤方言的词义范围小。例如："走"这个词，在普通话里有 9 个义项，其中只有 3 个义项和粤方言是相同的：（1）跑（普通话：奔走；粤方言：你咪走咁快啦）；（2）离开（普通话：他走了两小时了；粤方言：我未走嘅）；（3）改变或失去原样（普通话：走调儿、走味儿；粤方言：走晒味）。有 6 个义项是粤方言没有的，在练习普通话时要特别注意换用其他词语。这 6 个义项分别是：（1）行走、走路；（2）运行、移动、挪动；（3）指人死（他才 50 岁就走了）；（4）来往；（5）通过、由（走这条路去吧）；（6）泄露、漏出（走了风声）。此外，粤方言中"走"还有一个义项普通话里没有，也就是：逃跑、逃避（粤方言：走难、走咗佬）。粤方言中的"走难""走咗佬"的"走"，转换成普通话的时候应该用"逃""逃难""逃跑"等。

有些多义词普通话的词义范围小，粤方言的词义范围大。如"周围"这个词，普通话里只有"环绕着中心的部分"这个义项，而粤方言里则包含"四周""到处""附近"等 3 个义项。

有些多义词的词义有交叉。同一个词，在普通话和粤方言中词义范围大小不同，即使词义相同或对应，词形往往又不一样。例如："丢"这个词，在普通话里的义项有"抛弃""遗失"两个，"抛弃"相当于粤方言的"掉"，"遗失"相当于粤方言的"跌"；但粤方言的

"跌"还有"摔倒""落下"的意思,而普通话的"跌"只有"摔倒"的意思。

有些多义词的词义灵活性不同。与客观事物相比,语言中的词是有限的,随着人们对客观事物认识的不断深化,人们会用已有的一些词来表示新生的或有关的其他事物,并逐步引申为多种词义,这就使一些多义词的词义范围很不稳定。粤方言就有许多词义丰富且灵活的多义词。例如,"死""鬼""论尽""巴闭"等,这些词要在具体的语境中才能确定它的真实意义。说普通话时想表达相同或相近的意思,则要慎重选择恰当的词。

总而言之,多义词是一种比较复杂的语言现象,必须注意分辨词义,说普通话时要根据具体的语言环境转换使用恰当的词。粤方言的多义词数量不少,我们需要多听、多说、多练习,通过反复练习掌握其在普通话里的说法。

2. 多义词训练

1)读下面的句子,注意画线的词语。

(1)那个电影院不远,我们走路去吧。

(2)这种船一个小时能走二十多公里。

(3)走亲戚,是中国过年的一个习俗。

(4)咱们走旁边的那个门出去吧。

(5)他的钱包丢了,找了很久都找不到。

(6)请文明一点,不要随地丢果皮。

2)找出句子中的粤方言词语,并将它改成合适的普通话词语。

(1)考试前老师不能给学生放水。(　　　　)

(2)他除下眼镜后就什么都看不清了。(　　　　)

(3)他跌了钥匙,一时半会儿进不了家门。(　　　　)

（三）综合训练

1. 选择合适的词，并朗读句子。

（1）他回老家盖了三栋（房 / 屋）。（　　　　）

（2）这黄色的馒头是用玉米（面 / 粉）做的。（　　　　）

（3）这道菜很（油 / 肥）。（　　　　）

2. 读下面的句子，并说出句中画线词的意思。

（1）这衣服网上买的，质量太<u>次</u>了。（　　　）

（2）他<u>喊</u>我出去玩。（　　　）

（3）质量这么差，肯定要<u>返工</u>。（　　　　）

（4）这间时装店的衣服贵到<u>飞起</u>。（　　　　）

四、来源方面的难点及应对

（一）音译词及训练

1. 音译词差异

由于地理、历史、社会与文化的原因，粤方言中的外来词比其他汉语方言多，如忌廉、甫士、热狗等。这些外来词在日常交际中使用十分普遍，有些已被普通话吸收，但仍然有不少和普通话存在差异，学习时要注意区别。如：

朱古力—巧克力　　　　　　梳化—沙发

摩打—马达　　　　　　　　唛—麦克风

柯打—订单 / 命令　　　　　沙律—沙拉 / 色拉

2. 音译词训练

1）读下面的句子，注意画线的词语。

（1）我特别爱吃<u>巧克力</u>。

（2）请把那个<u>麦克风</u>递给我。

（3）你们家的<u>沙发</u>真好看。

2）选择合适的词，并朗读句子。

（1）（车胎 / 车呔）爆了，得去修了。（　　　）

（2）他是（碧咸 / 贝克汉姆）的球迷。（　　　）

（3）我今天午餐吃了（三明治 / 三文治）。（　　　）

（4）他会吹（色士风 / 萨克斯）。（　　　）

（二）其他外来词及训练

1.其他外来词差异

外来词进入汉语词汇系统，往往被汉语吸收或同化，逐渐变成接近汉语的词语形式。普通话吸收外来词，多采用意译，或是音译兼表义、音译加注等方式。而粤方言在吸收外来词时，多用音译或按照粤方言习惯加以改造，以及音译加说明词的方法。这就形成了词义相同的外来词，粤方言用音译或音译加说明，普通话用意译的差异。如：

维他命—维生素　　　　　　镭射—激光

呔—领带　　　　　　　　　咕喱—苦力

卡通片—动画片　　　　　　士多啤梨—草莓

上巴拿—扳手　　　　　　　冧把—号码

2.其他外来词训练

1）读下面的句子，注意画线的词语。

（1）其实吃太多<u>维生素</u>也不太好。

（2）我特别喜欢吃<u>草莓</u>味儿的酸奶。

（3）请把您的电话<u>号码</u>告诉我。

2）把下列句子中画线的粤方言外来词转换成合适的普通话词语。

（1）请不要随意给小孩子吃啫喱。（　　　）

（2）数码相机不需要装菲林。（　　　）

（3）我到楼下的士多店买些曲奇饼回来。（　　　）

（4）天冷了，多穿一件冷衫吧。（　　　）

（三）特色方言词及训练

1.特色方言词

粤方言区有许多特有的方言词。这些词长期在粤方言区使用，其中有些是保留了古汉语的说法，有些是受兄弟民族的影响而借入的，但更多是本方言区人们根据经济与文化生活的需要而创造出来的，具有浓厚的地方色彩。这些主要是常用词，在日常生活接触中要多留心区分。如：

旧时—从前	差人—警察
孤寒—吝啬	日头—白天
呃—骗	姆—雌性动物，妻子，女人
番枧—肥皂	孖—双
嬲—生气	踎—蹲，混日子，找生活
冇—无，没，没有	揾—拉，扯，拽，拔

限于篇幅，此处只列出部分词语，可参考附录1。

2.特色方言词训练

1）读下面的句子，注意画线的词语。

（1）我喜欢用肥皂洗衣服。

（2）他爸爸是做警察的。

（3）你不要骗他，不然他会生气的。

2）把下列句子中画线的粤方言词语转换成合适的普通话词语。

（1）他人呢？<u>正话</u>还看到来着。（　　　）

（2）喝汤了，把<u>匙羹</u>拿来。（　　　）

（3）他<u>游水</u>可厉害了。（　　　）

（4）他每晚学习到 12 点，非常<u>勤力</u>。（　　　）

（5）他太<u>反骨</u>，太没良心了。（　　　）

（四）综合训练

1. 找出下列句中的粤方言词语并将它改成合适的普通话词语。

（1）你别那么硬颈好吗？（　　　）

（2）到东南亚旅游的话，要记得给服务员贴士。（　　　）

（3）这鞋子穿着难受，晒士不合适。（　　　）

（4）波士要过来了，大家快回到工作岗位上！（　　　）

（5）天知道他那夹万里头藏了些什么。（　　　）

（6）尽管车厘子很贵，但他还是买了一些回家。（　　　）

（7）摄影师除了要会影相外，还要会后期处理。（　　　）

（8）你这是搞笑吧？哪有这么做事情的。（　　　）

（9）为了健康，你得戒口，不能吃太多太油的食物。（　　　）

（10）那么频繁电发的话，会很伤头发的。（　　　）

2. 选出合适的选项。

（1）想当年，他一（　　　）就去打（　　　）。

　　A. 下课 / 波　B. 下课 / 球　　C. 落课 / 波　　D. 落课 / 球

（2）天气那么热，咱们到（　　　）买（　　　）吃吧。

　　A. 士多 / 雪糕　　　　　　　B. 士多店 / 雪糕

　　C. 士多 / 冰激凌　　　　　　D. 小卖部 / 冰激凌

（3）地三鲜的主要材料是（　　　）、（　　　）和青椒。

A. 茄子 / 薯仔　　　　　　　B. 矮瓜 / 土豆

C. 茄子 / 土豆　　　　　　　D. 矮瓜 / 薯仔

（4）对于咱们广东人来说，天气再（　　　）也要每天（　　　）。

A. 冷 / 洗澡　　　　　　　　B. 冻 / 洗澡

C. 冷 / 冲凉　　　　　　　　D. 冻 / 冲凉

（5）他到了车站才发现（　　　）（　　　）了。

A. 车票 / 跌　　　　　　　　B. 车飞 / 丢

C. 车票 / 丢　　　　　　　　D. 车飞 / 跌

（6）（　　　）你回来早了，不然家里就（　　　）了。

A. 好彩 / 着火　　　　　　　B. 幸亏 / 着火

C. 好彩 / 火烛　　　　　　　D. 幸亏 / 火烛

（7）他办事一向很（　　　），不会闹出这么（　　　）的事情的。

A. 稳重 / 糊涂　　　　　　　B. 稳重 / 乌龙

C. 稳阵 / 糊涂　　　　　　　D. 稳阵 / 乌龙

（8）天还没亮，他就早早（　　　）刷牙（　　　）了。

A. 起身 / 洗脸　　　　　　　B. 起身 / 洗面

C. 起床 / 洗面　　　　　　　D. 起床 / 洗脸

3. 把意思对应的熟语用线连起来。

（1）年轻　　　　　　后日

（2）后天　　　　　　后生

（3）随便　　　　　　巴闭

（4）懂事　　　　　　求其

（5）了不起　　　　　生性

五、熟语方面的难点及应对

（一）熟语及训练

1.熟语

汉语中有一些人们经常使用的结构固定的短语或句子，通常称为熟语，它包括成语、惯用语、歇后语、谚语等。惯用语、歇后语、谚语来源于生活，是人们在生活中对某些事物的形象比喻，大多带有鲜明的地方语言特色。粤方言里有大量的熟语，要是直译照念，别人是很难明白的。以下是一些粤方言熟语与普通话熟语对应的例子：

猪笼入水—财源滚滚　　　　食死猫—哑巴吃黄连

沙煲兄弟—铁哥们儿　　　　见过鬼都怕——朝被蛇咬，十年怕

整色整水—装模作样　　　　　草绳

充大头鬼—打肿脸充胖子　　大人有大量—宰相肚里能撑船

周身蚁——身麻烦　　　　　牙尖嘴利—伶牙俐齿

妹仔大过主人婆—喧宾夺主　牙齿当金使—言而有信，说话算话

多个香炉多个鬼—多一事不如少一事

在日常使用中，要把粤方言熟语转换成普通话熟语，如无意思相近的熟语，可以采用意译的方法。如：

搞掂—完成了　　　　　　　落晒形—瘦了一圈儿

有啲料到—有两下子　　　　几得意—有意思

易过借火—轻而易举，不在话下　黄绿医生—游医 / 庸医

2.熟语训练

1）朗读下面的句子，注意画线的熟语。

（1）他这么做，让我是<u>哑巴吃黄连</u>，有苦说不出哇。

（2）我们是一块儿长大的<u>铁哥们儿</u>。

（3）这个人整天<u>装模作样</u>的，我一看他就难受。

（4）他做好人不吱声，倒是让我<u>两头受气</u>。

2）将以下粤方言熟语转换成普通话熟语，并造句。

（1）扮猪食老虎（　　　）

（2）执手尾（　　　）

（3）冇大冇细（　　　）

（4）撞口撞面（　　　）

（二）综合训练

1.将以下粤方言熟语转换成普通话熟语。

（1）烂船都有三斤钉（　　　）

（2）撩事斗非（　　　）

（3）一镬粥（　　　）

（4）牙尖嘴利（　　　）

（5）坐食山崩（　　　）

（6）有毛有翼（　　　）

（7）成家立室（　　　）

（8）沙煲兄弟（　　　）

（9）大鸡唔食细米（　　　）

2.把下列与粤方言熟语相对应的意思用线连起来。

（1）妹仔大过主人婆　　　　摸不着头脑

（2）整鬼整马　　　　喧宾夺主

（3）一头雾水　　　　吹牛皮

（4）放葫芦　　　　东拉西扯

（5）口水多过茶　　　　瞎折腾

（6）指冬瓜话豆腐　　　　　啰里啰唆

（7）冇弯转　　　　　　　　捡便宜，捡现成的

（8）跌眼镜　　　　　　　　板上钉钉

（9）执死鸡　　　　　　　　露馅儿

（10）穿煲　　　　　　　　　看走眼了

第三章

粤方言区学习语法的难点及应对

普通话的使用能力通常是一个人在已有的母方言系统的基础上形成的，因此必然会受到方言思维的影响。粤方言区的人自幼习得粤方言，在学习普通话的过程中，需要克服粤方言的干扰。粤方言区的人说普通话有时会将方言中的语法规则带入普通话，套用方言的模式或规则，从而产生与普通话规则不一致的偏误。本章我们分析粤方言与普通话在语法方面的主要差异，引导学习者在学习普通话时尽量减少方言带来的负面影响，从而提高普通话的使用水平。在描写时我们不关注粤方言语法的系统性，而是着重分析差异，同时加入一些针对性训练。

一、词类方面的难点及应对

（一）实词及训练

1.动词及训练

（1）能愿动词

粤方言有不少与普通话共用的能愿动词，如"要、想、愿意、肯、应该、可以、会、可能"等，但用法和使用频率有差异。如：

渠想返屋企。——他要 / 想回家。（破折号左边为粤方言，右边为普通话，下同）

我唔想日日行路上班。——我不愿意每天走路上班。

我不够胆自己去。——我不敢自己去。

你要自己做。——你得自己做。

（2）趋向动词

一些趋向动词的用法，粤方言和普通话有差别，粤方言中"来""去"可以直接后接目的地，但普通话中习惯用"到……来 / 去"，如：

来广州——到广州来

（3）动词重叠

普通话的动词常可以重叠表示短暂、轻微或尝试义，粤方言虽有少数动词可以重叠，但不如普通话普遍。如：

畀我再谂下。——让我再想想。

渠讲讲下就喊咗出嚟。——他说着说着就哭出来了。

你平时响屋企都要扫多啲地，知唔知？——你平时在家里也要多扫扫地，知道吗？

我出出去就返嚟。——我出去一下就回来。

请练习。

1）读下面的句子，注意画线的词语。

（1）七点了，该去上学了。

（2）他不敢在马路上骑自行车。

（3）关于这个现象，我们得好好研究研究。

（4）他偶尔也会和我一起到公园去散散步。

（5）你就不能劝劝他吗？

2）把下列句子中画线的粤方言词语转换成普通话词语。

（1）十一点了，明天还要上班，好睡觉啦。（　　　）

（2）他**够胆**一个人去西藏旅行。（　　　）

（3）她<u>唱唱下</u>就哭出来了。（　　　）

（4）他们一路<u>走下停下</u>，走遍了祖国的大江南北。（　　　）

（5）你<u>要</u>好好<u>想下</u>，他究竟是个怎么样的人。（　　　）

2.数量词及训练

（1）**数词**

粤方言和普通话在数的表达方面的差异，主要在于表示约数的说法不完全相同。粤方言中表示约数的词有"几""零"等，"几"常带有"多"的感情色彩，普通话中常用"多"对应；"零"常带有"少"的感情色彩，普通话中常用"来""把"等对应。如：

渠工资每个月有八千几。——他的工资每月有八千多。

渠先十零岁就解出咗呢条题。——他才十来岁就把这道题解出来了。

呢个体育场先容纳到万零人。——这个体育场只能容纳万把人。

此外，粤方言中有时"一"会省略，但在普通话中不能省略。如：

呢份兼职百五一日。——这份兼职一百五一天。

（2）**时间单位和货币单位**

粤方言时间单位和货币单位的表示方法和普通话的表示方法也存在一些差异。如：

时间单位：一个字—零五分　　　　三个字—一刻

　　　　　一个／粒钟—一个小时

货币单位：一蚊——元钱、一块钱　　五毫纸—五角、五毛钱

　　　　　两个二（银纸／银钱）—两块两毛钱

此外，普通话中没有用"半"来代替"五毛"的说法。如：

　　　　三个半—三块五　　　　　　五毫半—五毛五

（3）量词

现代汉语有丰富的量词。数词和名词组合在一起时，通常要加上量词。在量词的使用上，多数粤方言量词与普通话一样，但也有差异比较大的。粤方言量词和名词的搭配与普通话存在一些差异（详见"附录3　普通话与粤方言常用量词选择对照表"），如：

一支旗——面旗　　　　　一条桥——座桥

一眼针——枚针　　　　　骂一餐——骂一顿

一只牛——头牛　　　　　一只牙——颗牙

一班人——伙人　　　　　一条缝——道缝

两条香蕉—两根香蕉　　　两支红酒—两瓶红酒

部分量词的使用范围和普通话也不同。粤方言的"只"使用范围很广，有的用法和普通话一样，如"一只鸡、两只眼睛"等，但更多的与普通话不同，如"一只杯、一只猪、一只碟、一只色、一只歌、一只马、一只唱片"在普通话里习惯说成"一个杯子、一头猪、一个碟子、一种颜色、一支歌、一匹马、一张唱片"。在表示成双成对的服饰或物品时，粤方言经常用"对"，而普通话更常用"双""副"，如"一对鞋（一双鞋子）""一对手套（一副手套）"等。

另外，粤方言量词前面如果是数词"一"或指示代词时，会把"一"或指示代词省去。但在普通话中，如果指量短语充当主语或修饰主语，指示代词不能省去，如：

支笔係边个嘅？——这支笔是谁的？

件衫好靓。——这件衣服很漂亮。

指量短语如果修饰宾语，也可以省略。如：

我买佐支圆珠笔。——我买了支圆珠笔。

因此，我们要特别注意普通话数量词在使用习惯上的不同，在学习时注意这些区别，规范自己的说法。

请练习。

1）读下面句子，注意画线的词语。

（1）去超市花费<u>一百多元</u>。

（2）西兰花<u>五元六毛</u>一斤。

（3）他爸爸今年<u>四十来岁</u>。

（4）王叔叔<u>五十岁上下</u>。

（5）买裙子用了<u>一百五十元</u>。

（6）他<u>个把月</u>回趟老家。

2）读下面句子，注意画线量词的使用。

（1）好大的一<u>块</u>石头。

（2）我拿了一大（小）<u>把</u>黄豆。

（3）我舀了一平（满、大、小）<u>勺</u>面粉。

（4）<u>条条</u>大路通罗马。

（5）他们<u>个个</u>都是好样儿的。

（6）他把数学题一<u>道</u>一<u>道</u>地做完了。

（7）茶倒了一<u>回</u>又一<u>回</u>。

（8）吃了一<u>顿</u>饭后，他又上了一<u>趟</u>商场。

3）填入合适的动量词。

（1）踢他一（　　　）。

（2）在这上面画几（　　　）。

（3）他温习了一（　　　）。

（4）我昨天跑了三（　　　）了，还没办成事儿。

4）填入合适的名量词。

（1）一（　　　）井　　　　（2）一（　　　）歌

（3）一（　　　）竹竿　　　（4）一（　　　）酒席

（5）一（　　　）事儿　　　（6）一（　　　）颜色

（7）一（　　　）手套　　　（8）一（　　　）学校

3. 代词及训练

（1）人称代词

1）"我们"和"咱们"

粤方言只有"我们"的说法，没有"咱们"的说法。学习普通话时，要注意："咱们"一定包含听话者，而"我们"有时候会不包括听话者。如：

我们去买菜，你留在家里看家吧。（排除听话人，即说话人和其他人一起去买菜，而听话人留在家里不出去。）

咱们一块儿去吧。（包含听话人，即与说话人一起去。）

2）"你"和"您"

粤方言单数第二人称代词只有一个"你"，而普通话中根据说话人身份的不同会使用"你"或"您"。"您"表示对说话人的尊敬，也表示与说话人关系不密切，"你"表示一般的称呼。如：

老人家，您贵庚啊？

您贵姓？

3）"别人"和"人家"

表示另一方时，粤方言只有一个"人哋"，而普通话有"别人"和"人家"两个。其中，表示"某一方以外的人"时，"别人"与"人家"可以互换。如：

别人/人家越是这么说，他越要那么干。

但二者又存在不同，"别人"泛指另外的人，指说话人自己或某人以外的人；"人家"既可以指第三方，又可以指自己。如：

别人怎么说你也管不着啊。（排除"你"）。

你看看人家，成绩多么优秀。（指第三方）

你非得叫人家来，人家不愿意嘛。（指自己）

（2）疑问代词

表 3-1　普通话常用疑问代词

项　目	普通话中的疑问代词
问　人	谁
问事物	什么
问地点	哪、哪儿、哪里
问时间	什么时候
问数量	多少（数量多）、几（数量少）
问程度	多
问方式	怎么
问原因	为什么

在问时间、数量、程度等的时候，粤方言区的人容易受粤方言的影响使用"几"。如：

我哋几时见面？——我们什么时候见面？

呢条路有几长？——这条路有多长？

你间屋有几多平方啊？——你这房子多少平方呀？

请练习。

1）选词填空

（1）这件事（我们 / 咱们）不太清楚，最好你亲自跟他说。

（2）（我们 / 咱们）明天去逛街，你们去吗？

（3）小朋友，（你 / 您）今年几岁啊？

（4）老大爷，（你 / 您）今年高寿啊？

（5）（别人 / 人家）不知道嘛！你就告诉我呗。

2）读下面句子，注意画线疑问词的使用。

（1）咱们<u>什么</u>时候去吃饭啊？

（2）珠穆朗玛峰有<u>多</u>高啊？

（3）你刚买的轿车是<u>几</u>座的？

（4）这栋宿舍楼能住<u>多少</u>人？

4.副词及训练

用来修饰动词或形容词的副词应该是粤方言区的人学习普通话的重点之一。粤方言区的人学习普通话副词的主要问题体现在用词和用法上。粤方言的副词和普通话的副词有些是相同的，如"最""更""突然""就""又""都""全部""统统""究竟""大概"等。表3-2列举粤方言常用副词，并在括号中给出普通话的说法，表3-3给出更多的普通话中常见的副词以供参考。

表3-2 粤方言与普通话常用副词对照表

类　　别	举　　　例
时间副词	即刻（立刻）、啱先（刚才）（才）、啱啱（刚刚）、霎时（顿时）、初初（刚开始）、卒之（终于）、响道（正在）、间中（偶尔）、先（才）
频率副词	成日（整天）、周时（常常）
程度副词	好（很）、几（很）、过头（太）、得滞（太）
范围副词	冚棒呤（全、都、统统、一共、全部、总共）、晒（全部）、净系（只、光）、埋（连……也）
语气副词	唔通（难道、莫非）、实（一定）、梗（肯定）、或者（也许、或许）、直情（简直）、横掂（反正）、争啲（几乎）、好彩（多亏）
否定副词	唔（不）、冇（没有）、咪（别）、唔使（不用）
情态副词	是旦（随便）

表 3-3 普通话常用副词表

类　　别	举　　例
表示程度	很、最、极、挺、太、非常、十分、极其、格外、分外、更、更加、越、越发、有点儿、稍、稍微、略微、几乎、过于、尤其
表示范围	都、总、共、总共、统统、只、仅仅、单、净、光、一齐、一概、一律、单单、就
表示时间、频率	已、已经、曾、曾经、刚、才、刚刚、正、在、正在、将、将要、就、就要、马上、立刻、顿时、终于、常、常常、时常、时时、往往、渐渐、早晚、从来、一向、向来、从来、总是、始终、永、赶紧、仍然、还是、屡次、依然、重新、还、再、再三、偶尔
表示处所	四处、随处
表示肯定、否定	必、必须、必定、准、的确、不、没有、没、未、别、莫、勿、是否、不必、不用（甭）、不曾
表示情态、方式	大肆、肆意、特意、猛然、忽然、公然、连忙、赶紧、悄悄、暗暗、大力、稳步、阔步、单独
表示语气	难道、岂、究竟、偏偏、索性、简直、就、可、也许、难怪、大约、幸而、幸亏、反倒、反正、果然、居然、竟然、何尝、何必、明明、恰恰、未免、只好、不妨

　　一些副词，普通话和粤方言的意义虽然相近，但是用法不同。粤方言中，有些副词如"过头""得滞""晒""先"，一般放在形容词的后面，但普通话的副词一般都放在形容词前面。

　　此外，粤方言用"埋"表示范围的扩充，表示由此及彼，相当于普通话的"也""连……也"。如：

　　叫埋渠去。——把他也叫去。

　　食埋呢个苹果去喇。——连这个苹果也吃了吧。

　　表示反问语气时，粤方言用"唔通"，但普通话中不能直译为"不通"，而应该用"难道""莫非"。表示肯定语气，粤方言常用"实""梗"，普通话要用"一定""肯定""准"。表示不肯定语气，粤方言用"或者"，普通话用"也许""或许""或者"。

请练习。

1）读下面句子，注意画线副词的使用。

（1）我们<u>刚刚</u>吃完饭。

（2）我早<u>已经</u>写完作业了，现在正在看电视呢。

（3）他只是<u>偶然</u>买买东西，并不总是逛街。

（4）<u>全部</u>加起来，他每个月也才挣两千多块钱。

（5）天<u>忽然</u>下起大雨来，人群顿时散了。

（6）他老是迟到，<u>往往</u>上课快半个小时了才进教室。

（7）他们<u>曾经</u>吵过架，但早就忘记了。

2）将下面粤方言句子转换成普通话。

（1）唔通你唔知渠经已走咗好耐？

（2）条裤长得滞。

（3）呢种橘酸过头，唔好食。

（4）老豆畀我嘅钱仲未用晒。

（5）呢本书你睇晒未啊？

（6）你做埋我呢份。

5. 实词综合训练

1）填入合适的量词，读一读，注意相配的数词。

（1）这（　　）葡萄一斤重。

（2）这（　　）胡同一百多米长。

（3）这儿距离那（　　）学校二十多公里远。

（4）那（　　）老人七十多岁了。

（5）这（　　）饭用了两百来块钱。

2）选出合适的选项。

（1）不早了，（　　）（　　　）行李准备出发了。

　　A. 该 / 执拾执拾　　　　　　　B. 好 / 执拾执拾

　　C. 该 / 收拾收拾　　　　　　　D. 好 / 收拾收拾

（2）那（　　）年轻人大多二十（　　）岁。

　　A. 班 / 零　　B. 伙 / 来　　C. 班 / 来　　D. 伙 / 零

（3）（　　）下周打算到深圳（　　），你来吗？

　　A. 咱们 / 走下　　　　　　　　B. 咱们 / 走走

　　C. 我们 / 走走　　　　　　　　D. 我们 / 走下

（4）（　　）你不知道这是怎么回事？你可要给我好好（　　　）。

　　A. 难道 / 解释解释　　　　　　B. 不通 / 解释下

　　C. 不通 / 解释解释　　　　　　D. 难道 / 解释下

（5）这些事（　　）他一个人做怎么行呢？还（　　）叫上几个帮手啊。

　　A. 得 / 要　　B. 光 / 得　　C. 得 / 好　　D. 光 / 好

3）请将下面的句子转换成普通话，注意本小节知识的综合运用。

（1）杯茶浓得滞。

（2）好彩渠识讲普通话，而且讲得几好。

（3）好起身啦，就嚟九点三个字啦，等阵仲要去深圳噶。

（4）唔通你睇唔出我只表值几钱？

（5）我哋又试准备租部车返乡下行下，你嚟唔嚟？

（二）虚词及训练

1. 介词及训练

粤方言区的普通话学习者学习普通话介词的主要问题体现在用词方面。

粤方言的"同"和普通话一样，可以引出动作涉及的对象或者比较的对象，但普通话口语更多的是使用"和""跟"。如：

同我讲声。——跟我说一声。

粤方言的"同"还可以引出服务对象。如：

渠同我买饭。——他替我买饭。

普通话的"同"没有这种用法，要用"替"或"给"。粤方言常用介词"将"，而普通话常用介词"把"。粤方言的"等"相当于普通话的"让"。如：

等我来——让我来。

粤方言表示目的、手段、方式常用介词"攞"，相当于普通话的"用""以"。如：

攞渠做样——以他做样子。

粤方言中有时会用"运"，相当于普通话的"从""打"。如：

运呢度行——从这里走。

请练习。

1）读下面句子，注意画线介词的使用。

（1）麻烦你把那些衣服洗一洗。

（2）我跟你走。

（3）顺着这条路一直往前走就是我们学校了。

（4）我们要本着对事不对人的方法处理这个问题。

（5）这儿弄错了，叫管理员给解决一下吧。

2）选词填空

（1）我（跟/同）他一起吃过饭。

（2）你（同/给）孩子读《安徒生童话》吧。

（3）我们习惯（攞/用）骨碟装骨头。

（4）这点事儿都做不好，还是（让/等）我来吧。

（5）他们（运/从）那条小路出去了。

2. 连词及训练

表示联合关系，粤方言用"同""同埋"，普通话用"和"。如：

我同埋你去。——我和你去。

两个意义有关联的形容词中间，粤方言经常会用"夹"或"又"，普通话使用"而且"或"又……又……"。如：

平夹靓 / 平又靓——便宜而且漂亮 / 又便宜又好

请练习。

读下面句子，注意画线连词的使用。

（1）外面刮风而且下雨。

（2）我和我的朋友在一起。

（3）她不但会英语，还会法语。

3. 助词及训练

1）结构助词

粤方言用"嘅""啲"或量词表示修饰、领属关系，而普通话使用"的"，普通话的量词也没有这种用法。如：

我嘅 / 个书包——我的书包。

我啲嘢唔见咗——我的东西不见了。

用在形容词、短语或重叠的数量词后面做状语的，粤方言用"噉"，普通话使用"地"。如：

一步步噉行——一步步地走

在补语前，粤方言可以使用"得"或"到"表示，普通话使用"得"。如：

睇得明——看得懂。

睇到一头雾水——看得云里雾里。

请练习。

选词填空：的、地、得

（1）他（　　　）作品获奖了。

（2）他高兴（　　　）说："谢谢！感谢你帮了我！"

（3）他高兴（　　　）哭了出来。

（4）我们要深入（　　　）了解问题（　　　）实质。

（5）我们（　　　）队伍在比分落后（　　　）情况下仍然顽强（　　　）拼搏，最终取得了胜利，队员们激动（　　　）流下了泪水。

2）动态助词

粤方言动态助词比较丰富，而有些不能直接用到普通话中，普通话往往会用其他的表达方法。此处介绍几类常见的对应用法。

表示动作正在进行时，粤方言在动词之后加助词"紧"，而普通话则是在动词前加副词"在"或"正在"。如：

渠睇紧一本书。——他正在看一本书。

表示惯常或持续的粤方言助词"开"，普通话多使用"一直"等副词来体现。如：

我做开呢行。——我一直干这一行。

表示完成，不同粤方言使用不同的助词，如"咗""晡""休"等，而普通话使用"了"。如：

你食咗饭未？——你吃了饭吗？

表示过去的经历，粤方言和普通话一样，在动词后加"过"，但在合成趋向动词之后，粤方言习惯把"过"插在趋向动词的两个字中间，而普通话则放在最后。如：

琴晚我冇出过去。——昨晚我没有出去过。

表示动作持续时，粤方言动词后面加"住"或动词重叠加"下"，而普通话使用"着"。如：

渠望住我。——他看着我。

渠唱唱下歌就喊咗起身。——他唱着唱着就哭起来了。

此外，普通话的"着"可以接在形容词后，表示状态的持续。这种用法是粤方言中没有的。如：

这儿距离那儿远着呢。

他比我高着两厘米。[①]

快着点儿。[②]

表示行为或状态的回复，粤方言动词后面加"返"（或写成"翻"），但普通话中没有相对应的词，有时候可以使用"又""回"或"重新开始"表示。如：

他们又试玩返起身啦。——他们又重新开始玩起来了。

表示不久前发生过的事情，粤方言使用"嚟"，而普通话使用"来着"，不能直接用"来"。如：

你寻日做乜嚟？——你昨天干什么来着？

请练习。

①读以下句子，注意画线助词的使用。

（1）门开<u>着</u>，灯亮<u>着</u>。

（2）饭还温<u>着</u>，你快趁热吃<u>了</u>吧。

（3）广州前几天冷<u>过</u>一阵。

（4）我们今天中午十二点吃午饭<u>来着</u>，对吧？

（5）他都没有回来<u>过</u>。

②将以下句子转换成普通话。

（1）呢张枱一直都係我用开嘅。

（2）本书我睇咗三日啦。

（3）搬返张凳返房。

---

①② 转引自吕叔湘主编《现代汉语八百词》，商务印书馆，1980 年。

（4）前排冻过一阵，跟手又试热返去啦。

（5）讲讲下眼泪水就流出嚟喇。

4.语气词及训练

粤方言和普通话语气词的差异比较大，普通话常用的语气词有"的""了""呢""吧""吗""啊"，粤方言的语气词比较多，方言色彩浓厚。粤方言中有的是一个语气词表示多种语气，在普通话里要用不同的语气词来表达，如"啦""喋"；有的在普通话里没有很对应的词，如"啫"。粤方言区的人说普通话时经常会将粤方言的语气词带入普通话，以至于所说的普通话带有一些粤方言色彩。以下将粤方言和普通话中常用的语气词罗列如下，以方便学习者进行对照学习。

表3-4 粤方言和普通话常见语气词对照表

粤方言	普通话	语气	例子
喇嘞	了	表示陈述的语气	我食咗饭喇。——我吃了饭了。 你去就得嘞。——你去就可以了。
啦	了	表示已经如此或当然如此 表示命令、请求、制止等	渠就系咁嘅啦！——他就是这样的了。 咪嘈啦！——别吵了！
嗻啰嗻	了的啊	提醒、叮咛、催促 表示超出预料	咁样唔得嗻。——这样不行的。 啲钱用晒啰嗻。——钱用完了啊。 你系得嘅嗻。——你挺行的啊。
喋	啊呢的	加强语气 表示疑问	支笔系我喋！——这支笔是我的。 咁样点得喋？——这样怎么能行呢？ 张凳系唔系渠喋？——这张凳子是不是他的啊？
咋	呢	表示提醒	我得三蚊鸡咋！——我就只有三块钱呢！

粤方言	普通话	语气	例子
啫	嘛	把事情往小处说表示自己的判断或态度	唔系好冻啫！——不是很冷嘛。 实系渠啫！——肯定是他嘛！
添	吧 呢	加强语气	饮多啲添。——吃多点吧。 仲可以系度游水添。——还可以在这里游泳呢。
咩	吗	表示疑问、反问等	系咩？你唔识渠咩？——是吗？你不认识他嘛？
啩	吧	表示求证问	唔系啩？——不是吧？
嘅	的	表示反诘、疑问	本书系你嘅？——这本书是你的？

请练习。

1）读下面句子，注意画线语气词的使用。

（1）走吧！咱们一起去学校吧。

（2）我那条裤子呢？我怎么找不到了呢？

（3）哇！这孩子长那么高了呀！

（5）你吃饭了吗？

（6）哼！你以为我不知道你暗地里捣鬼吗？

（7）怎么有那么多题没有做的？

2）将下面的粤方言句子转换成普通话，注意语气词的使用。

（1）说话唔系咁讲㗎嘛！

（2）我今晚一个人系屋企咋。

（3）点解会嘅嘅？

（4）九点啰喎，你仲唔返工？

（5）系咩？唔通你都唔知渠返咗乡下？

（6）我哋一样嘅嘛。

（7）人哋仲有意见添。

5.**虚词综合练习**

1）读下列句子，注意画线的词语。

（1）那家书店我去<u>过</u>。

（2）<u>也罢</u>，还是<u>让</u>他<u>跟</u>我一起去<u>吧</u>。

（3）怎么会这样子<u>呢</u>？明明是我先来<u>的</u>。

（4）这么晚<u>了</u>，你吃<u>了</u>饭<u>了吧</u>？

（5）你昨晚去哪<u>了呢</u>？

2）选词填空。

的、地、得、啦、吧、吗、啊、嘛

（1）你刚才认真听我说话了（　　　）？

（2）讲完（　　　）？讲（　　　）不错（　　　）。

（3）他怎么不做，要我们来做？这是他（　　　）分内事儿（　　　）？

3）将下列粤方言句子转换成普通话，注意本小节知识的综合运用。

（1）食埋呢只鸡髀啦。

（2）哇，真係静到支针跌落地都听到喔。

（3）同渠一起，係有好嘢食噶喇。

（4）我明明照住说明书做嘅，点解会变成咁噶？

（5）有有搞错啊？咁易嘅题你都做错咗？

（三）词类综合训练

1.填入恰当的量词或助词，使短语完整。

（1）一（　　　）电视机

（2）那（　　　）灯

（3）一（　　　）嘴

（4）我（　　　）行李

（5）努力（　　　）学习

2. 选择适当的词语。

（1）他高兴（的 / 地 / 得）说："好啊，（我们 / 咱们）一块儿去（吗 / 吧）。"

（2）她（不单只 / 不但）长得漂亮，还弹（的 / 地 / 得）一（手 / 台）好钢琴。

（3）（事关 / 因为）他不想自己去，所以（让 / 使）我（同 / 跟）他一起去。

（4）我（本 / 的）辞典放哪儿（的 / 了）？刚才明明还在这儿（的 / 了）。

（5）唉，跑（得 / 到）我上气不接下气。不是说好（的 / 地 / 得）很轻松的（呢 / 吗）？

3. 找出下列句子中的粤方言成分并将它改成恰当的普通话。

（1）那间书店我有去。

（2）吃完饭再走啦。

（3）他喜欢使叉子吃饭。

（4）他帮你一起去。

（5）他个书包不见了。

4. 将下列句子转换成普通话。

（1）等我再考虑下。

（2）呢张凳係我坐开嘅。

（3）我地一齐完成咗呢项任务啦。

（4）唔通你唔知渠去咗边？

（5）琴日有冇人入过嚟？

（6）你准备过嚟啊，好彩今日我休息啫。

（7）一个十零岁嘅后生仔拧住把刀做乜？

（8）条友间屋又几大喔，唔知有几多平方嘞？

（9）九点啦，好起身啦！再唔起身，我唔同你去买嘢嘎啦。

（10）大家都好认真噉讨论紧呢件事，你咪咁大声啦，嘈到我听唔到渠讲咗乜啦。

二、语序方面的难点及应对

（一）状动结构及训练

普通话中起修饰、限制作用的状语一般是放在动词或者形容词的前面，而粤方言中有些做状语的副词会放在所修饰的词语后面。因此，说普通话时，不能按照粤方言句式来表达。如：

你坐多一阵先，我等阵就嚟。——你再坐一会，我待会就来。

你讲少两句。——你少说两句。

我自己介绍一下先，我姓张。——我先介绍一下自己，我姓张。

食多一碗添。——再多吃一碗。

请练习。

1.读下面普通话的句子，注意"多""少"的位置与粤方言的区别。

（1）我们要坚持每天早起一点，多读一点书。

（2）你少说两句吧！不用计较那么多。

（3）你多分配点任务给我吧！

（4）我多拿了一张饭票，就给你吧！

（5）写完作文后要多看几遍，多改几次，争取少出差错。

2.把下面的粤方言句子转换成普通话，注意语序的变化。

（1）呢条裤长得滞，你同我改短少少啦！

（2）你写晒功课先，等阵至去玩。

（3）唔该你帮我填多份问卷添。

（4）你肠胃唔好，饮少几杯啦。

（5）你嘅衫污糟咗啦，换过件啦！

（二）述补结构及训练

1.可能补语

否定句中，粤方言可能补语与表示人的宾语的位置与普通话的不一样。粤方言是"动词＋宾语（人）＋可能补语（唔＋动词）"，而普通话是"动词＋可能补语（不＋动词）＋宾语（人）"。如：

我打渠唔过。——我打不过他。

我搵渠唔到。——我找不到他。

请练习。

将下列句子转换成普通话。

（1）我讲渠唔赢。

（2）你理我唔到。

（3）我玩渠唔过。（指我和他玩游戏，我输了）

2.趋向补语

部分带有目的地的趋向补语，粤方言习惯语序为"动词＋趋向动词＋目的地"，而普通话则是"动词＋目的地＋趋向动词"。如：

他行返去学校。——他走回学校去。

你将个书包放返去课室先。——你先把书包放回课室去。

请练习。

读以下普通话句子，注意句子的语序。

（1）他一下子跑上八楼来。

（2）啊，快迟到了！我得赶快跑回公司去。

（3）你别跑太快，别跑到公园那头去了。

（三）双宾句及训练

双宾句指的是动词带两个宾语的句子。有些表示"给予""取得""询问""称呼"等意义的动词可能涉及两个对象，一个表示物或事情的直接宾语，一个表示人的间接宾语。从类型学角度看，普通话和粤方言的双宾句大致相同，都是间接宾语在前，直接宾语在后面。如：

渠偷佐我十蚊鸡。——他偷了我十块钱。

我问渠边个办法好。——我问他哪个办法好。

粤方言表示给予义的双宾语结构和普通话语序不同，直接宾语置前，间接宾语置后。如：

我畀本书你。——我给你一本书。

攞支笔我。——给我一支笔

借一嚿水我。——借我一百块钱。

请练习。

1.读下面的句子，注意普通话的语序和用词习惯。

（1）他送我一件衣服。

（2）别送他太多东西。

（3）你给了我太多帮助了，我都不知道该如何感谢你。

（4）他告诉我们一个好消息。

（5）领导决定奖励你五千块。

2.将下面的粤方言句子转换成普通话。

（1）你借三蚊鸡我。

（2）渠畀我两本书。

（3）我赔渠一个新嘅杯。

（4）渠送只手表我。

（5）我畀一抽锁匙你。

（四）语序综合训练

1.找出下列句子中的粤方言成分并将它转换成普通话。

（1）我吃得快不过他。

（2）我聪明过他。

（3）奖励五十元我。

（4）第二个路口转左。

（5）他赶紧跑回去家里。

2.将下列句子转换成普通话。

（1）等我问下先。

（2）你将啲证件摞返去屋企先。

（3）件衫大得滞。

（4）你睇我唔到。

（5）呢个钟数咁塞车，你行路仲快过坐车啦！

三、特殊句式方面的难点及应对

（一）"把"字句、"被"字句及训练

1."把"字句的难点和应对

表示对某一对象进行处置，普通话常用"把"字句：主语＋把＋宾语＋动词＋后续成分。

粤方言虽然也用和普通话"把"字句相同的格式，不过介词用"将"不用"把"，且有时在动词后再用一个代词"渠"来复指被处置

的对象。与"将"字句相比，粤方言更常用的是动词加名词性词语的格式。如：

> 将呢件事做好。／做好呢件事。——把这件事做好。
>
> 将嗰个杯放低。／放低嗰个杯。——把那个杯子放下。
>
> 将啲碗洗咗渠啦。／洗咗啲碗渠。——把碗给洗了吧。

此外，普通话"把"字句的对象有时会与述补短语有关，有些"把"字句的"把"不表示处置义，而是表示"让""使"的意义，这些"把"字句表达的意思在粤方言中不会用"将"字句，因此需要特别注意。如：

> 他的一番话把在座的人都讲哭了。
>
> 这事儿可把我累坏了。
>
> 把他累病了。

请练习。

读下列句子，体会普通话的"把"字句。

（1）他一个人把任务做完了。

（2）自己把自己吓怕了。

（3）他把广州跑遍了，还是找不到。

（4）你怎么不把这个消息告诉我？

（5）你把衣服洗洗。

2."被"字句的难点和应对

粤方言表示被动的句式与普通话大体相同，但需要注意的有两点。

第一点，粤方言用介词"畀"引出施动者，而普通话主要用"被"，此外还有"给""叫""让"。如：

> 呢个蛋糕畀老鼠咬过。——这个蛋糕被老鼠咬过。

顶帽畀风吹走咗——帽子被风吹走了。

呢啲香蕉畀渠食晒啦。——这些香蕉叫他给吃完啦!

第二点,在被施动者不明确或没必要表示时,粤方言在"畀"后必须加一个"人"来表示,但普通话"被"后面可以省略施动者。如:

渠畀人打咗一餐。——他被打了一顿。

敌人畀人打低咗。——敌人被打垮了。

请练习。

读下面的被动句,注意普通话被动句的几种表达方式。

(1)张明被坏人抢了一个包,人也差点儿被打伤。

(2)那只凶恶的老虎被武松打死了。

(3)饺子全让他给吃光了。

(4)书桌叫孩子翻得乱七八糟的。

(5)爸爸一直被失眠所困扰。

3."把"字句、"被"字句训练

1)在括号内填入"把"或"被",使句子意思完整。

(1)苹果( )老鼠咬了个洞。

(2)别( )孩子吓着了。

(3)我的伞( )他借走了。

(4)他的话( )我绕晕了。

(5)( )爱情进行到底。

2)将下面粤方言句子转换成普通话。

(1)卖咗呢啲旧书渠。

(2)食埋啲菜渠啦。

(3)唔该,帮手关埋道门。

（4）李叔畀人打咗一餐。

（5）把遮畀人偷走咗。

（二）"有"字句的难点及训练

1. "有"字句

粤方言中常用"有"或"有……过"表示曾经做过某件事情，而普通话的"有"一般只能充当动词，表示存在或拥有什么东西。如：

我今日有温书。——我今天复习过了。

渠有交作业。——他交了作业。

请练习。

把下列粤方言句子转换成普通话。

（1）我今日有见过渠，但冇同渠讲过嘢。

（2）渠呢段时间都有坚持朗读。

（3）我明明有抄低渠嘅手机号码嘅，点解揾唔到嘅？

2. "有"字疑问句

粤方言"有"字句的疑问，有些人会说成如"你有饮过咖啡冇？"的形式，这种形式不能直接转换成普通话，同样需要把"有"字去掉，把"冇"换为普通话的"没有"，或其他形式的正反问。如：

你有饮过咖啡冇？——你喝过咖啡没有？/你有没有喝过咖啡？

你有上过去摩星岭冇？——你上去过摩星岭没有？/你有没有上去过摩星岭？

请练习。

把下列粤方言句子转换成普通话。

（1）你近排有见过渠冇？

（2）你有食过韩国菜冇？

（3）你有睇过渠写嘅喞本书冇?

3."有"字句训练

1）找出下列句子中的粤方言成分并将它转换成普通话。

（1）我有去过北京。

（2）你有来过广州没有?

（3）医生，我有按时吃药的，为什么好像没有好转呢?

2）将下列句子转换成普通话。

（1）我有去过香港噶。

（2）你有抄底渠手机冇?

（3）你有睇过呢出戏冇?

（三）比较句及训练

表示甲、乙两个事物或现象有差异时，粤方言常用的句式是："甲＋形容词＋过＋乙"，而普通话则是"甲＋比＋乙＋形容词"，即把"过＋乙"换成"比＋乙"，然后移到形容词前。如：

我高过渠。——我比他高。

老虎大过猫好多。——老虎比猫大得多。

粤方言比较句还有"甲＋形容词＋乙＋数量补语"和"甲＋冇／唔够＋乙（＋咁）＋形容词"等句式，在转换成普通话时，不要把"唔够"说成"不够"，而应该说成"没有"或者"不如"。如：

我大渠一岁。——我比他大一岁。

我冇渠咁大。——我没有他大。

我唔够渠高。——我没有／不如他高。

此外，表示甲、乙两个事物或现象相同时，粤方言一般用"甲＋同＋乙＋一样咁＋形容词"，或者"两个＋一样＋形容词"来表达。

普通话等比句和粤方言一样，只是连词不同，和上面一节说到的一样，注意使用"和"或"跟"代替粤方言的"同"。如：

老王同老张一样咁高——老王跟老张一样高。

呢个细路同嗰个一样大。——这个小孩跟那个一般大。

渠哋两个一样高。——两个一样高。

请练习。

1. 读下面比较句，注意普通话的语序和用词习惯。

（1）他比我高，也比我壮。

（2）我和他一样瘦。

（3）今年暑假北京比广州还热。

（4）我比他大三岁。

（5）我更喜欢待在家看电视。

（6）我学习不如他认真。

（7）他上课最认真。

2. 将下面粤方言比较句转换成普通话。

（1）呢间房比嗰间房大少少。

（2）渠细妹高过渠，仲靓过渠。

（3）细佬高我三厘米。

（4）广州冇北京咁热闹。

（5）呢张枱同嗰张枱一样高。

（四）复句的难点及训练

普通话复句的类型和粤方言一样，区别在于连接分句的关联词。表3-5中列举了部分粤方言与普通话复句常用的但有差异的关联词。

表 3-5　粤方言—普通话复句常用关联词对照及例句

类型		粤方言	普通话	例　　句
联合复句	并列关系	1. 亦 / 仲 2. 唔係 A，而是 B	1. 也 / 又 2. 不是 A，而是 B	渠嘅小区有游泳池，仲有羽毛球场。——他的小区既有游泳池，也有羽毛球场。
	递进关系	1. 唔单止 A，仲 B 2. 甚至乎	1. 不但 A，而且 B 2. 甚至	渠唔单止识弹钢琴，仲识拉二胡同埋小提琴。——他不但会弹钢琴，而且会拉二胡和小提琴。
	承接关系	跟住	跟着、接着、然后	渠去买啲生果先，跟住去买餸，然后就接个女返屋企。——他先去买些水果，接着去买菜，然后就接女儿回家。
	选择关系	1. 一係 A，一係 B 2. 唔係 A，就係 B 3. 定係	1. 要么 A，要么 B 2. 不是 A，就是 B 3. 还是	一係去阳朔，一係去张家界。——要么去阳朔，要么去张家界。
	解说关系	即係话	就是说	你去，即係话我唔使去喇。——你去，就是说我不用去吧。
偏正复句	转折关系	但係、之但係	但是	呢个小区虽然好靓，之但係离渠上班嘅地方太远喇。——这个小区虽然很漂亮，但是距离他上班的地方太远了。
	因果关系	1. 事关 / 为因 A，所以 B 2. 既然 A，咁 B	1. 因为 A，所以 B 2. 既然 A，那么 B	既然你唔想同渠一齐去，咁就快点同渠讲啦！——既然你不愿意和他一起去，那么快点和他说啊！
	假设关系	就算 A，亦 B	即使 / 就算 A，也 / 还 B	就算你今次你考得好好，亦唔可以骄傲㗎。——就算你这次考得挺好的，也不可以骄傲的啊。
	条件关系	1. 只有 A，先至 B 2. 除非 A，唔係嘅话 B	1. 只有 A，才 B 2. 除非 A，否则 B	只有用心学，多啲练，先至可以讲好普通话。——只有用心学，多训练，才能说好普通话。
	目的关系	1. 为嘅係 2. 费事	1. 为的是 2. 以免 / 免得	你到咗之后要打个电话返屋企，费事屋企人担心。——你到了以后要打个电话回家，免得家人担心。

请练习。

1. 读下面句子，注意关联词的运用。

（1）我不但会说粤方言，也会说客家话。

（2）我们一边喝咖啡，一边谈工作。

（3）她先去看了场电影，然后再去超市买菜。

（4）他有两个儿子，一个是记者，一个是教师。

（5）毕业后，要么读研，要么出国留学。

（6）不知道这句话是谁说的，不过这并不重要。

（7）只要她一离开，孩子就会大哭大闹。

（8）不管你说什么，他总是听不进去。

（9）如果明天下雨的话，活动就要泡汤了。

（10）因为时间太仓促了，所以他们放弃了参加这次比赛的机会。

2. 将下面粤方言句子转换成普通话。

（1）今年暑假你想去杭州定係四川啊？

（2）渠情愿自己辛苦啲，都要送小朋友去培训班。

（3）落班早啲返屋企，费事屋企人担心喇！

（4）就算渠好心帮你，你咁大个人都要靠自己喇。

（5）一係你去，一係渠去，一係大家一齐去。

（五）特殊句式综合训练

1. 选择合适的选项将句子补充完整。

（1）我（　　）脏衣服丢到洗衣机里了。

　　A. 被　　　　B. 把　　　　C. 让　　　　D. 给

（2）肉都（　　）他吃光了。

　　A. 被　　　　B. 把　　　　C. 将　　　　D. 使

（3）（　　）没有做好准备工作，所以我不肯定接下来的任务是否会顺利。

    A. 为因   B. 事关   C. 因为   D. 因此

（4）他（　　　）（　　　）那本书看完了，还写了一篇很长的读后感。

    A. 不但 / 被   B. 不但 / 把

    C. 不单止 / 被   D. 不单止 / 把

（5）我（　　　）你的辞典借给小黄了，（　　　）他说马上就还，你稍等一下。

    A. 被 / 之但係   B. 把 / 之但係

    C. 被 / 但是   D. 把 / 但是

2. 找出下列句子中的粤方言成分并将它转换成普通话。

（1）你有看过这部电影没有？

（2）虽然他获得了冠军，之但係没有赢得人们的尊重。

（3）他将那个小女孩弄哭了。

（4）你再说清楚点，费事引起误会。

（5）你想吃苹果定係雪梨？

3. 把下面的粤方言句子转换成普通话。

（1）渠情愿使多啲钱出去食，都唔想自己煮咁麻烦。

（2）就算你知道呢件事，亦都冇更好嘅办法㗎喇。

（3）你唔好一路食饭，一路玩手机。

（4）呢个项目好重要，唔单止要尽快完成，仲要做得好。

（5）我条锁匙畀我妈攞走咗。

（6）啲菜畀渠食晒喇。

（7）单车畀贼仔偷走咗。

（8）你将呢件事搞清楚先讲啦！

（9）师傅修好咗部车。

（10）我有食过兔仔肉，你有食过冇？

第四章
朗读训练

一、朗读基础训练

（一）朗读基础

1. 朗读的基本要求

朗读是一种语言的再现，要求朗读者在理解作品的基础上，运用发音规范的普通话和恰当的朗读技巧，把书面作品转化为清晰、流畅的有声语言。朗读的两个基本要求：一是理解作品内容，掌握作品风格，把握作品基调。二是用规范的普通话朗读。朗读中，应注意声、韵、调的规范和标准，同时还要考虑语流中的各种音变现象，这部分我们在前面两章已经详细地介绍过，这里不再赘述。

2. 朗读技巧

除了要把握以上的两个基本要求之外，朗读过程中还要注意三点技巧。

（1）停顿

朗读中的停顿，既是朗读者的生理需求，也是表达作品内容、感情的重要手段。恰当的停顿能够保证朗读者气息均匀、声音饱满，也能够使朗读抑扬顿挫、跌宕起伏，富有感染力。不恰当的停顿往往会使听者难以分辨句义，甚至错误地理解句义。如：

我看见他笑了。

我看见 / 他笑了。

我看见他 / 笑了。

停顿分为语法停顿和强调停顿两种：

1）语法停顿首先可以通过文章中的自然段落和标点符号等显性标记来表示。自然段落之间往往要停顿较长时间，大于句子的间隔时长；而标点符号停顿的时长规律一般是句号、感叹号、问号、省略号 > 分号、破折号、连接号 > 冒号、逗号 > 顿号、间隔号。其次，有时在没有标记的地方，为表达内容和感情也需要停顿，尤其是在长句和结构复杂的句子中。

主语或谓语较长时，主谓之间往往需要停顿。如：

由此我想，那些失去或不能阅读的人 / 是多么的不幸，他们的丧失 / 是不可补偿的。世间有诸多的不平等，财富的不平等，权力的不平等，而阅读能力的拥有或丧失 / 却体现为精神的不平等。

爸 / 不懂得怎样表达爱，使我们一家人融洽相处的 / 是我妈。他只是每天上班下班，而妈 / 则把我们做过的错事开列清单，然后由他来责骂我们。

宾语较长时，动宾之间需要停顿。如：

他们知道 / 与其骗我说外祖母睡着了，还不如对我说实话：外祖母永远不会回来了。

一年以后，市政府权威人士进行工程验收时，却说 / 只用一根柱子支撑天花板太危险，要求莱伊恩再多加几根柱子。

定语较长时，定语中也需要按照结构适当停顿，停顿一般出现在距中心语较远的定语后。如：

一个读书人，一个 / 有机会拥有超乎个人生命体验的幸福人。

而城市各处的 / 真的灯火也次第亮了起来，尤其是围绕在海港周围山坡上的 / 那一片灯光……

状语、补语较长时，与中心语之间也经常要适当地停顿。如：

我发现母亲正仔细地 / 用一小块儿碎面包 / 擦那给我煎牛排用的油锅。

每天在学校的操场上一圈儿又一圈儿地跑着，跑得 / 累倒在地上，扑在草坪上痛哭。

并列成分之间，也往往可以适当地停顿。如：

人们从读书中学做人，从那些往哲先贤 / 以及当代才俊的著述中学得他们的人格。

由此我想，那些失去 / 或不能阅读的人是多么的不幸。

2）强调停顿是用来强调句中某一个要点的停顿。根据对文义的理解以及对作品感情的把握，为突出和强调某一要素，朗读者可作短暂停顿处理。强调停顿往往也伴随着重音的体现。适当的强调停顿能够突出重点，更好地传达作品的内容和感情，增强朗读的表现力。如：

难道你就只觉得 / 树 / 只是树。

这是入冬以来，胶东半岛上的 / 第一场雪。

在浩瀚无垠的沙漠里，有一片美丽的绿洲，绿洲里藏着一颗闪光的珍珠。这颗珍珠就是 / 敦煌莫高窟。

在运用停顿技巧时，标点符号可以作为重要的参考，语法结构是判断一般性停顿的基础，文章的内容理解和情感表达是选择停顿和停顿长短的根本。

（2）重音

重音指的是朗读中用来增加声音强度的方法，当对某些在感情表达方面起重要作用的字、词或短语要加以强调时可以使用重音。重音可分为语法重音和强调重音。

1）语法重音：在不表达特殊的感情色彩，没有特别强调的情况下，句子的语法结构决定重音。这些重音无需过分强调，只要比其他的音节读得稍重些即可。通常主谓结构的句子，谓语部分较重；动宾结构中，宾语如果是代词，一般宾语较轻，其他情况下宾语较重；有定语、状语修饰的句子，修饰语较重；表示结果、程度、情态的补语往往也加重。如：

朋友即将远行。

后来，这位叔叔去了海外……

花和人都会遇到各种各样的不幸，但是生命的长河是无止境的。

我爱月夜，但我也爱星天。

它没有婆娑的姿态，没有屈曲盘旋的虬枝……

两个同龄的年轻人同时受雇于一家商店，并且拿同样的薪水。

王友更惊疑了，他眼睛睁得大大的。

人的头盖骨，结合得非常致密与坚固……

此外，疑问代词和指示代词也经常加重；复句中的关联词语，尤其是偏正复句中正句的关联词语往往加重。如：

过了这么多年，藤萝又开花了，而且开得这样盛，这样密……

谁能把花生的好处说出来？

没有一个人将小草叫作"大力士"，但是它的力量之大，的确是世界无比。这种力是一般人看不见的生命力。

不管我的梦想能否成为现实，说出来总是好玩的。

2）强调重音：又称为"逻辑重音"或"感情重音"。为了表示某种特殊的感情，强调句子中的潜在含义，体现语言的目的性而故意将文中的某些字、词和短语处理为重音。试带着不同的重音朗读"我知道你会唱歌"。

我知道你会唱歌。

我知道你会唱歌。

我知道你会唱歌。

我知道你会唱歌。

我知道你会唱歌。

语句在什么地方该强调重音并没有固定的规律，而是受说话的环境、内容和感情支配的。强调重音同语法重音有时是一致的，有时则不一致，当两者不一致时，后者要服从前者。

我明白了他称自己为素食者的真正原因。

他在胡同里踢，在能找到的任何一片空地上踢。

完全按照托尔斯泰的愿望，他的坟墓成了世间最美的，给人印象最深刻的坟墓。

说也奇怪，和新朋友会谈文学、谈哲学、谈人生道理，和老朋友却只话家常，柴米油盐，细细碎碎，种种琐事。

在湾仔，香港最热闹的地方，有一棵榕树，它是最贵的一棵树，不光在香港，在全世界，都是最贵的。

3）重音的表达方式：很多人理解重音的表达方式就是加大音量、加强语气，也就是"重读"，其实不然。重音是表达说话的重点和感情色彩，根据作品内容和感情表达的不同需要可以用多种方式来灵活处理。下面介绍常用的四种表达方式：

①增大音量：增大音量，一般用于表达明确的观点、态度，描述某些特定的事物。注意重音不宜过重，以免使表达生硬，不自然。

为此，达瑞十二岁时就成了畅销书作家，十五岁有了自己的谈话节目，十七岁就拥有了几百万美元。

父亲接下去说："所以你们要像花生，它虽然不好看，可是很有用，不是外表好看而没有实用的东西。"

②延长音节：将重音的音节有意拖长，一般用于感叹性、号召性、鼓励性的话语、呼语等，用来启发思考或表达深厚的情意。

是的，智力可以受损，但爱永远不会。

那醉人的绿呀！仿佛一张极大极大的荷叶铺着，满是奇异的绿呀。

果然，看着这篇作文，妈妈甜甜地涌出了两行热泪，一把搂住小男孩儿，搂得很紧很紧。

③一字一顿：在需要强调的词语中用一字一顿的时间间歇来突出强调，这种表达方式铿锵有力，显得坚定、深沉。

欲穷千里目，更上一层楼。

这谜语比课本上的"日历挂在墙上，一天撕去一页，是我心里着急"和"一寸光阴一寸金，寸金难买寸光阴"还让我感到可怕。

④重音轻吐：在用正常音高、音量朗读过程中，对于想要强调的部分采用降低音高、减小音量的方式，虽然轻轻地、低声吐出，但是却稳而有力，一般用于表达深沉、含蓄细腻的感情。

海水轻轻地抚摸着细软的沙滩，发出温柔的唰唰声。

就是下小雪吧，济南是受不住大雪的，那些小山太秀气。

一阵台风袭过，一直孤单的小鸟无家可归，落到被卷到洋里的木板上，乘流而下，姗姗而来，近了，近了！

一般来说，一个句子至少有一个重音，但是一句话中重音也不宜过多，重音越少，所要强调的就越突出，反之，重音过多，就等于没有重点。而且当一个句子中有不止一个重音的时候，也要分清主次，把握作品最想要突出强调的成分。

朗读过程中，重音并非是孤立的，重音的部分往往也伴随着停顿或语调、语速的变化，因此在朗读练习过程中，要认真体会这些技巧之间的联系，使表达更富有感染力。

（3）语调

语调是指声音在语句中高低升降的变化趋势，其中以结尾的升降变化最为明显。任何句子都带有一定的语调。朗读中的语调要根据作品的语句内容、语气态度而升降变化。朗读或说话时，如果能恰当地处理语调的升降变化，就能细致地表达各种丰富的心理状态或感情的变化，借助语调的抑扬顿挫，有声语言才有了动听的腔调，才有了音乐美，也才有了极强的感染力。语调丰富多变，主要有四种：平直调、高升调、降抑调、曲折调。

1）平直调是指朗读时语调始终平直舒缓，没有显著的高低升降的变化。一般多用于叙述、说明或表示严肃、庄重、悲痛、冷漠、沉思、悼念等思想感情的句子。如：

读小学的时候，我的外祖母过世了。

那是力争上游的一种树，笔直的干，笔直的枝。

阳光虽然为生命所必须，但是阳光中的紫外线却有扼杀原始生命的危险。

2）高升调是指朗读时，语调前低后高，语气上扬。一般多用于疑问句、反诘句、短促的命令句，或者表示惊讶、愤怒、紧张、警告、号召的句子。

这又怪又丑的石头，原来是天上的啊！

胡先生，难道说白话文就毫无缺点吗？

难道你就只觉得树只是树，难道你就不想到它的朴质，严肃，坚强不屈，至少也象征了北方的农民……

3）降抑调是指朗读时，调子逐渐由高降低，结尾的字读得低而短。一般用于感叹句、祈使句或表示坚决、自信、赞扬、祝愿等感情的句子。表达沉痛、悲愤的感情，一般也用这种语调。

它是树中的伟丈夫！

外祖母永远不会回来了。

然而，恰恰是这座不留姓名的坟墓，比所有挖空心思用大理石和奢华装饰建造的坟墓更扣人心弦。

4）曲折调是指朗读时把句子中某些特殊的音节特别加重、增高或拖长，语调由高而低后又高，或由低而高后低，高低升降幅度大，变化多，呈波浪起伏状，形成一种升降曲折的变化。一般用于表示特殊的感情，如讽刺、讥笑、夸张、强调、双关以及特别惊异等。我们日常生活中经常会用这种语调来表达反语、讽刺等，如：

你很好，好得不能再好了！

对烦恼，你倒真能看得开。

爸听了便叫嚷道："你以为这是什么车？旅游车？"

（4）技巧的综合运用

值得指出的是，语调的应用也不是孤立的，它往往也要结合重音、停顿的技巧，除此之外，还要注意与节奏相结合。结构相同或相似的几个分句连接在一起时，往往需要变化语调，调整节奏，这样可以使朗读抑扬顿挫、重点突出，如：

没有一片绿叶，没有一缕炊烟，没有一粒泥土，没有一丝花香，只有水的世界，云的海洋。

世界上有预报台风的，有预报蝗灾的，有预报瘟疫的，有预报地震的。没有人预报幸福。

身陷苦难却仍为荷花的盛开欣喜赞叹不已，这是一种趋于澄明的境界，一种旷达洒脱的胸襟，一种面临磨难坦荡从容的气度，一种对生活童子般的热爱和对美好事物无限向往的生命情感。

（二）朗读基础训练

1.读下列句子，注意停顿。

（1）在这时，火柴又熄灭了，她面前只剩下一面又黑又冷的墙。

（2）不久便来了车，小心翼翼地将它运走了。

（3）也有不甘心落空的，便驻扎在这里，继续寻找。彼得·弗雷特就是其中一员。

（4）莱伊恩自信只要一根坚固的柱子足以保证大厅安全，他的"固执"惹恼了市政官员，险些被送上法庭。

（5）远远的街灯明了，好像是闪着无数的明星，天上的明星亮了，好像是点着无数的街灯。

2.读下列句子，注意重音。

（1）东风来了，春天的脚步近了。

（2）春天到了，可是我什么也看不见！

（3）古时候有一个人，一手拿着矛，一手拿着盾，在街上叫卖。

（4）这就是白杨树，西北极普通的一种树，然而决不是平凡的树。

（5）享受幸福是需要学习的，当他即将来临的时刻需要提醒。人可以自然而然地学会感官的享乐，却无法天生地掌握幸福的韵律。

3.读下列句子，注意语调。

（1）我们目前无可奉告！

（2）不要说这一点点东西，就是一辆货车我也能扛得起。

（3）我们在田野散步：我，我的母亲，我的妻子和儿子。

（4）当我们想到这个盲老人，一生中竟连万紫千红的春天都不曾看到，怎能不对她产生同情之心呢？

（5）但它整个小小的身体因恐怖而战栗着，它小小的声音也变得粗暴嘶哑，它在牺牲自己！

4.读下列文段，注意技巧的综合运用。

（1）作品1

我常想/读书人是世间幸福人，因为（wèi）他除了拥有现实的世界之外，还拥有另一（yí）个 / 更为（wéi）浩瀚 / 也更为丰富的世界。现实的世界是人人都有的，而后一个世界 / 却为（wéi）读书人所独有。由此我想，那些失去或不能阅读的人是多么的不（bú）幸，他们的丧（sàng）失是不可补偿的。世间有诸多的不平等，财富的不平等，权力的不平等，而阅读能力的拥有或丧失 / 却体现为（wéi）精神的不平等。

一（yí）个人的一（yì）生，只能经历 / 自己拥有的那一（yí）份欣悦，那一（yí）份苦难，也许再加上 / 他亲自闻知的那一（yì）些关于自身以外的经历和经验。然而，人们通过阅读，却能进入不同时空的 / 诸多他人的世界。这样，具有阅读能力的人，无形间获得（huòdé）了 / 超越有限生命的无限可能性。阅读 / 不仅使他多识了草木虫鱼之名，而且可以上溯（sù）远古 / 下及未来，饱览存在的与非存在的奇风异俗。

更为重要的是，读书加惠于人们的 / 不仅是知识的增广，而且还在于精神的感化与陶冶（táoyě）。人们从读书学做人，从那些往哲先贤 / 以及当代才俊的著述中 / 学得（xuédé）他们的人格。人们从《论语》中学得智慧的思考，从《史记》中学得严肃的历史精神，从《正气歌》中学得人格的刚烈，从马克思学得人世 / 的激情，从鲁迅学得批判精神，从列夫·托尔斯泰学得道德的执着。歌德的诗句刻写着睿智的人生，拜伦的诗句呼唤着奋斗的热情。一个读书人，一个有机会拥有超乎个人生命体验的幸运人。

作品 1 朗读分析：

内容及情感基调：这篇朗读作品是一篇议论文，开篇点题"读书人是世间幸福人"，然后通过读书的三大益处来论证这一中心论点，第一段提出读书人"除了拥有现实的世界之外，还拥有另一个更为浩瀚也更为丰富的世界"。第二段指出读书人"无形间获得了超越有限生命的无限可能性"。第三段强调"更为重要的是，读书加惠于人们的不仅是知识的增广，而且还在于精神的感化与陶冶"。朗读语速适中，随着论述的逐层推进，语调由平缓而渐趋激昂。

语言训练要点：1）字音："为""一""不"的不同读音；前后鼻音"平等""精神""经验"等；上声连读变调"远古""饱览""也许"。2）重点语句："世间有诸多的不平等，财富的不平等，权力的不平等，而阅读能力的拥有或丧失／却体现为精神的不平等。"这一句语调由平直调低起，逐渐升调，至"阅读能力的拥有或丧失"再转向沉稳的降调。最后一个分句，主语较长，应在其后稍加停顿，"精神"与"财富""权利"相对比应重读。"人们从《论语》中／学得智慧的思考，从《史记》中／学得严肃的历史精神，从《正气歌》中学得人格的刚烈，从马克思／学得人世的激情，从鲁迅学得批判精神，从列夫·托尔斯泰／学得道德的执着。"这一句由六个结构相同的分句构成，朗读时在关注语调的同时也要把握好节奏。本句朗读时可以先从平直调起，逐次升调，但是在升调的过程中，节奏不同，在第三个分句处语速加紧，第四个分句"马克思"后稍稍停顿，第五个分句语速加紧，第六个分句的"托尔斯泰"后稍稍停顿微转降调。

（2）作品2

三百多年前，建筑设计师莱伊恩（Láiyīēn）／受命设计了英国温泽（Wēnzé）市政府大厅。他运用工程力学的知识（zhīshi），依据自己多年的实践，巧妙地设计了／只用一（yì）根柱子支撑（zhīchēng）的大厅天花板。一（yì）年以后，市政府权威人士进行工程验收时，却说／只用一根柱子支撑天花板太危险，要求莱伊恩再多加几根柱子。

莱伊恩自信／只要一根坚固的柱子足以保证大厅安全，他的"固执（gùzhi）"惹恼了市政官员，险些被送上法庭。他非常苦恼，坚持自己原先的主张吧，市政官员／肯定会另找人修改设计；不坚持吧，又有悖（bèi）/自己为人（wéirén）的准则。矛盾了很长一（yí）段时间，莱伊恩终于想出了一条妙计，他在大厅里/增加了四根柱子，不过这些柱子/并未与天花板接触，只不过是装装（zhuāngzhuang）样子（yàngzi）。

三百多年过去了，这个秘密（mìmì）始终没有被人发现。直到前两年，市政府准备修缮（xiūshàn）大厅的天花板，才发现/莱伊恩当年的"弄虚作假"。消息（xiāoxi）传出后，世界各国的建筑专家和游客云集，当地政府对此也不加掩饰（yǎnshì），在新世纪到来之际，特意将大厅/作为一个旅游景点对外开放，旨在引导人们/崇尚（chóngshàng）和相信科学。

作为一名建筑师，莱伊恩并不是最出色的。但作为一个人，他无疑非常伟大，这种//伟大/表现在他始终恪守着自己的原则，给高贵的心灵一个美丽的住所：哪怕是遭遇到最大的阻力，也要想办法抵达胜利。

作品2朗读分析：

内容和情感基调：这篇朗读作品是一篇记叙文，讲述的是建筑设计师莱伊恩的故事。莱伊恩在自己的设计遭受到巨大阻力时选择坚持自己的原则，利用妙计解决了两难的困境，三百年后，真相被世人发现，莱伊恩也得到了世人的尊重和崇尚。作品通过讲述这样一个故事，启示读者"哪怕是遭遇到最大的阻力，也要想办法抵达胜利"。朗读时可以以讲故事的口吻叙述，语速适中，语调平缓，到结尾部分可稍微上扬，以配合对莱伊恩的赞美之情。

语言训练要点：1）字音：轻声"知识""固执""样子""消息"；上声连读变调"苦恼""景点"；平翘舌音"温泽市""支撑""始终""出色"等；2）重点语句："他非常苦恼，坚持自己原先的主张吧，市政官员/肯定会另找人修改设计；不坚持吧，又有悖/自己为人的准则。"

这个句子表达的是莱伊恩面对两难处境时的心理。"坚持自己原先的主张吧"与"不坚持吧"分别是提出两种假设，两处形成对比，"坚持"和"不坚持"应重读，两个分句语调上扬，而假设后的情况说明则使用转降调。"作为一名建筑师，莱伊恩并不是最出色的。但作为一个人，他无疑非常伟大，这种 // 伟大 / 表现在他始终恪守着自己的原则，给高贵的心灵一个美丽的住所：哪怕是遭遇到最大的阻力，也要想办法抵达胜利。"这一段是文章的结尾，是叙述之后的升华，表达了对莱伊恩的赞美，同时也点明了"坚持"的道理。这一段语调与前面的叙述稍有不同，段首先抑后扬，语调也由低稍稍转高。但朗读者应避免过于夸张的高昂语调，以免使朗读显得生硬、不自然。

二、样题实战训练

（一）样题一分析及训练

朗读短文（400 个音节，共 30 分，限时 4 分钟）

泰山极顶看日出，历来被描绘成十分壮观的奇景。有人说：登泰山而看不到日出，就像一出大戏没有戏眼，味儿终究有点寡淡。

我去爬山那天，正赶上个难得的好天，万里长空，云彩丝儿都不见。素常烟雾腾腾的山头，显得眉目分明。同伴们都欣喜地说："明天早晨准可以看见日出了。"我也是抱着这种想头，爬上山去。

一路从山脚往上爬，细看山景，我觉得挂在跟前的不是五岳独尊的泰山，却像一幅规模惊人的青绿山水画，从下面倒展开来。在画卷中最先露出的是山根底那座明朝建筑岱宗坊，慢慢地便现出王母池、斗母宫、经石峪。山是一层比一层深，一叠比一叠奇，层层叠叠，不知还会有多深多奇。万山丛中，时而点染着极其工细的人物。王母池旁的吕祖殿里有不少尊明塑，塑着吕洞宾等一些人，姿态神情是那样有生气，你看了，不禁会脱口赞叹说："活啦。"

画卷继续展开，绿阴森森的柏洞露面不太久，便来到对松山。两面奇峰对峙着，满山峰都是奇形怪状的老松，年纪怕都有上千岁了，颜色竟那么浓，浓得好像要流下来似的。来到这儿，你不妨权当一次画里的写意人物，坐在路旁的对松亭里，看看山色，听听流……

【训练步骤】

①第一遍朗读：速读，以自然段为单位逐段排查发音难点及其他涉及打分项目的部分。

第一自然段：

注意词语中 zh 组声母和 j 组声母的读音，如"泰山、日出、极顶、奇景、戏眼、终究"等；注意个别发音拗口的词语，如"十分壮观"，词语中连续出现前鼻音、后鼻音韵尾，连读时易出错；注意儿化词，如"味儿"等；注意变调词语，如"一出、有点寡淡"等。

第二自然段：

注意词语中 zh 组声母和 j 组声母的读音，如"爬山、赶上、长空、显得、欣喜"等；注意区分前、后鼻音韵尾，如"分明、早晨、看见"等；注意轻声词，如"的、个、云彩、着、想头、早晨"等；注意儿化词，如"丝儿"等。

第三自然段：

注意词语中 zh 组声母和 j 组声母的读音，如"山脚、细看山景、惊人、山水画、明朝建筑"等；注意区分前、后鼻音韵尾，如"吕洞宾、岱宗坊、神情"等；注意轻声词，如"的、了、着、觉得"等；注意变调词语，如"一路、一幅、一叠"等；注意重叠形容词，如"慢慢地、层层叠叠"等。

第四自然段：

注意词语中 zh 组声母和 j 组声母的读音，注意 i、ü 的发音，尤其是词语中有这几类声母、韵母频繁交替出现的情况时，发音要特别小心，如"画卷继续展开""两面奇峰对峙着，满山峰都是奇形怪状的老松"等；注意轻声词，如"的、了、着、得"等；注意儿化词，如"这儿"等；注意变调词语，如"不太久、一次"等。

②正式朗读：注意控制语速，控制力度，自然流畅，不要回读。

（二）样题二分析及训练

朗读短文（400个音节，共30分，限时4分钟）

爸不懂得怎样表达爱，使我们一家人融洽相处的是我妈。他只是每天上班下班，而妈则把我们做过的错事开列清单，然后由他来责骂我们。

有一次我偷了一块糖果，他要我把它送回去，告诉卖糖的说是我偷来的，说我愿意替他拆箱卸货作为赔偿。但妈妈却明白我只是个孩子。

我在运动场打秋千跌断了腿，在前往医院途中一直抱着我的，是我妈。爸把汽车停在急诊室门口，他们叫他驶开，说那空位是留给紧急车辆停放的。爸听了便叫嚷道："你以为这是什么车？旅游车？"

在我生日会上，爸总是显得有些不大相称。他只是忙于吹气球，布置餐桌，做杂务。把插着蜡烛的蛋糕推过来让我吹的，是我妈。

我翻阅照相册时，人们总是问："你爸爸是什么样子的？"天晓得！他老是忙着替别人拍照。妈和我笑容可掬地一起拍的照片，多得不可胜数。

我记得妈有一次叫他教我骑自行车。我叫他别放手，但他却说是应该放手的时候了。我摔倒之后，妈跑过来扶我，爸却挥手要她走开。我当时生气极了，决心要给他点儿颜色看。于是我马上爬上自行车，而且自己骑给他看。他只是微笑。

我念大学时，所有的家信都是妈写的。他……

【训练步骤】

①第一遍朗读：速读，以自然段为单位逐段排查发音难点及其他涉及打分项目的部分。

第一自然段：

注意词语中 zh 组声母和 j 组声母的读音，如"使、一家人、融洽、相处、是、上班、下班、错事、清单"等；注意轻声词语，如"我们、的"等。

第二自然段：

注意词语中 zh 组声母和 j 组声母的读音，如"说、是、拆箱卸货、赔偿、只是"等；注意区分前、后鼻音韵尾，如"糖果、明白"等；注意轻声词及其他类型的轻重格式，如"的、明白、个"等；注意变调词语，如"一次、一块"等；注意发音拗口的连读片段，如在"告诉卖糖的说是我偷来的"中，"说"与"是"声母相同，且都是翘舌音，连读时易出错。

第三自然段：

注意词语中 zh 组声母和 j 组声母的读音，如"运动场、秋千、途中、一直、抱着、是、急诊室、驶开、车、叫嚷"等；注意轻声词，如"了、抱着"等；注意变调词语，如"一直"等。

第四自然段：

注意词语中 zh 组声母和 j 组声母的读音，如"生日、显得、相称、只是、吹气球、布置餐桌、插着、蜡烛、是"等；注意词语中连续出现的前、后鼻音韵尾的发音，如"相称"；注意轻声词及其他类型的轻重音格式，如"插着、推过来"等。

第五自然段：

注意词语中 zh 组声母和 j 组声母的读音，如"照相册、总是、是什么样子的、老是、忙着、笑容可掬、不可胜数"等；注意轻声词，如"爸爸"等；注意变调词语，如"一起"。

第六自然段：

注意词语中 zh 组声母和 j 组声母的读音，这一自然段中有多处连续出现的 zh、j 组声母，发音有难度，要特别注意，如"叫他教我骑自行车、但他却说是应该放手的时候了、我当时生气极了"等；注意儿化词，如"点儿"；注意轻声词，如"时候"等；注意变调词语，如"一次"。

第七自然段：

发好"家信、是"等词语的声母。

②正式朗读：注意控制语速，控制力度，自然流畅，不要回读。

|参考答案|

第二章 粤方言区学习普通话词汇的难点及应对

一、词语音节方面的难点及应对

（一）附加后缀及训练

（1）杯子；（2）伴儿；（3）盖子；（4）辫子；（5）裤子；（6）馅儿；（7）凳子；（8）骨头

（二）双音节词根及训练

（1）房间；（2）眉毛；（3）咳嗽；（4）云朵/云彩；（5）尾巴；（6）柴火；（7）窗户；（8）颜色

（三）综合训练

1.（1）纽扣；（2）样子/模样；（3）孙子；（4）牙齿；（5）凉快/凉爽；（6）聋哑/哑巴；（7）呕吐；（8）面条；（9）麻痹

2.（1）B；（2）C；（3）D

二、构词方面的难点及应对

（一）词序及训练

×××√

（二）语素及训练

（1）红薯；（2）月亮；（3）下雪；（4）手套；（5）自行车；（6）着火，失火；（7）零碎；（8）雨伞；（9）猪肝；（10）镇定；（11）避讳/忌讳

（三）综合训练

1.（1）经已—已经；（2）生果—水果；（3）飞发—理发 / 剪头发；（4）心机—心情；（5）落—下，着—穿，水鞋—雨鞋

2.（1）A；（2）A；（3）D；（4）B；（5）C

3.（1）D；（2）B；（3）C；（4）D；（5）C

三、词义方面的难点及应对

（一）同形异义词及训练

2.同形异义词训练

1）略

2）（1）肉酸了还能吃吗？（2）这张宣传海报做得真醒目。（3）没有月光的晚上，路上阴森森的，令人有些害怕。

（二）多义词及训练

2.多义词训练

1）略

2）（1）放水—泄密 / 泄题；（2）除—摘；（3）跌—丢 / 遗失

（三）综合训练

1.（1）房；（2）面；（3）油

2.（1）差；（2）叫；（3）重做；（4）惊人

四、来源方面的难点及应对

（一）音译词及训练

2.音译词训练

1）略

2）（1）车胎；（2）贝克汉姆；（3）三明治；（4）萨克斯

（二）其他外来词及训练

2.其他外来词训练

1）略

2)（1）啫喱—果冻；（2）菲林—胶卷；（3）士多店—小卖部／杂货店／商店；（4）冷衫—毛衣

（三）特色方言词及训练

2.特色方言词训练

1）略

2）（1）正话—刚才；（2）匙羹—勺子；（3）游水—游泳；（4）勤力—勤奋；（5）反骨—吃里爬外

（四）综合训练

1.（1）硬颈—固执；（2）贴士—小费；（3）晒士—尺码／尺寸；（4）波士—老板；（5）夹万—保险箱；（6）车厘子—樱桃；（7）影相—照相；（8）搞笑—开玩笑；（9）戒口—忌口；（10）电发—烫发

2.（1）B；（2）D；（3）C；（4）A；（5）C；（6）B；（7）A；（8）D

3.（1）年轻—后生；（2）后天—后日；（3）随便—求其；（4）懂事—生性；（5）了不起—巴闭

五、熟语方面的难点及应对

（一）熟语及训练

2.熟语训练

1）略

2）（1）不显山露水；（2）擦屁股；（3）没轻没重；（4）低头不见抬头见（造句略）

（二）综合训练

1.（1）瘦死的骆驼比马大；（2）惹是生非；（3）一团糟／一塌糊涂；（4）伶牙俐齿；（5）坐食山空；（6）翅膀硬了；（7）成家立业；（8）好哥儿们；（9）不屑赚小钱，不屑干小事

2.（1）妹仔大过主人婆—喧宾夺主；（2）整鬼整马—瞎折腾；（3）一头雾水—摸不着头脑；（4）放葫芦—吹牛皮；（5）口水多过茶—

啰里啰唆;(6)指冬瓜话豆腐—东拉西扯;(7)冇弯转—板上钉钉;(8)跌眼镜—看走眼了;(9)执死鸡—捡便宜,捡现成的;(10)穿煲—露馅儿

第三章　粤方言区学习语法的难点及应对

一、词类方面的难点及应对

(一)实词及训练

1. 动词及训练

1)略

2)(1)好—该;(2)够胆—敢;(3)唱唱下—唱着唱着;(4)走下停下—走走停停;(5)要—得,想下—想想

2. 数量词及训练

1)略

2)略

3)(1)脚;(2)笔;(3)遍;(4)趟

4)(1)口;(2)首/支;(3)根;(4)桌;(5)件;(6)种;(7)副;(8)所

3. 代词及训练

1)(1)我们;(2)我们;(3)你;(4)您;(5)人家

2)略

4. 副词及训练

1)略

2)(1)难道你不知道他已经走了好久了?(2)这条裤子太长了!(3)这种橘子太酸了,不好吃。(4)爸爸给我的钱还没有用完。(5)这本书你看完了吗?(6)你把我这份也做了。

5. 实词综合训练

1)(1)串;(2)条;(3)所;(4)位;(5)顿

2)（1）C；（2）B；（3）C；（4）A；（5）B

3)（1）这杯茶太浓了。（2）幸好他会说普通话，而且说得挺／很好。（3）该起床了，快九点一刻／十五分了，一会儿还要到深圳去啊。（4）难道你看不出我的手表值多少钱吗？（5）我们又准备租一辆车回老家走走，你来吗？

（二）虚词及训练

1. 介词及训练

1）略

2)（1）跟；（2）给；（3）用；（4）让；（5）从

2. 连词及训练

略

3. 助词及训练

1）结构助词

（1）的；（2）地；（3）得；（4）地，的；（5）的，的，地，得

2）动态助词

①略

②（1）这张桌子一直是我用的。（2）这本书我看了三天了／这本书我看三天了。（3）把凳子搬回房子里。（4）前段时间冷过一阵，紧接着又热起来了。（5）说着说着眼泪就流下来了。

4. 语气词及训练

1）略

2)（1）话不是这么说的嘛！（2）我今晚一个人在家呢。（3）为什么会这样呢？（4）九点了，你还不去上班吗？（5）是吗？难道你都不知道他回老家了？（6）我们都是一样的。（7）人家还有意见呢！

5. 虚词练习

1）略

2）（1）吗；（2）啦，得，嘛/啊；（3）的，吧

3）（1）把这只鸡腿也吃了吧。（2）哇，真的安静得连一根针掉在地上也能听见啊。（3）和他一起，是没有好东西吃的。（4）我明明按着说明书做的，怎么会变成这样子呢？（5）有没有弄错啊？这么简单的题目你都做错了？

（三）词类综合训练

1.（1）台；（2）盏；（3）张；（4）的；（5）地

2.（1）地，咱们，吧；（2）不但，得，手；（3）因为，让，跟；（4）的，了，的；（5）得，的，吗

3.（1）有去—去过；（2）啦—吧；（3）使—用；（4）帮—同；（5）个—的

4.（1）让我再考虑考虑。（2）这张凳子一直是我坐的。（3）我们一起完成了这项任务。（4）难道/莫非你不知道他去哪儿了吗？（5）昨天有没有人进来过？（6）你准备过来（我这儿）啊，幸好今天我休息。（7）一个十来岁的年轻人拿着一把刀干什么？（8）那家伙的房子也挺大的嘛，不知道有多少平方呢？（9）九点了，该起床了！再不起床，我不跟你去买东西啦。（10）大家都很认真地讨论着这件事情，你别那么大声啊，吵得我都听不到他讲了什么了。

二、语序方面的难点及应对

（一）状动结构及训练

1.略

2.（1）这条裤子太长了，你给我改短一点吧！（2）你先写完作业，待会再出去玩。（3）麻烦你再多帮我填一份问卷。（4）你肠胃不好，少喝几杯吧。（5）你的衣服脏啦，重新换一件吧。

（二）述补结构及训练

1.可能补语

（1）我说不过他。（2）你管不着我。（3）我玩不过他。

2. 趋向补语

略

（三）双宾句及训练

1. 略

2. （1）你借我三块钱。（2）他给我两本书。（3）我赔他一个新的杯子。（4）他送我一块手表。（5）我给你一串钥匙。

（四）语序综合训练

1. （1）快不过他—不如他快；（2）聪明过他—比他聪明；（3）奖励五十元我—奖励我五十元；（4）转左—向左转；（5）去家里—家里去

2. （1）先让我问问。（2）你先把证件放回家里去。（3）这件衣服太大了。（4）你看不到我。（5）这个时间那么堵车，你走路都比坐车快。

三、特殊句式方面的难点及应对

（一）"把"字句、"被"字句及训练

3. "把"字句、"被"字句训练

1）（1）被；（2）把；（3）被；（4）把；（5）把

2）（1）把这些旧书卖了。（2）把菜也吃了吧。（3）麻烦帮忙把门关上。（4）李叔被人打了一顿。（5）那把伞被人偷走了。

（二）"有"字句的难点及训练

1. "有"字句

（1）我今天见过他，但是没有跟他说话。（2）他这段时间都坚持朗读。（3）我明明抄下了他的手机号码，为什么找不到了呢？

2. "有"字疑问句

（1）你最近见过他没有？/你最近有没有见过他？（2）你吃过韩国菜没有？/你有没有吃过韩国菜？（3）你看过他写的那本书

没有？

3."有"字句训练

1）（1）删去"有"；（2）删去第一个"有"；（3）删去第一个"有"

2）（1）我去过香港的。（2）你记下他的手机（号码）了没有？（3）你有没有看过这部电影？

（三）比较句及训练

1.略

2.（1）这个房间比那个房间大一点。（2）她妹妹比她高，还比她漂亮。（3）弟弟比我高三厘米。（4）广州没有北京热闹。（5）这张桌子和那张桌子一样高。

（四）复句的难点及训练

1.略

2.（1）今年暑假你想去杭州还是四川啊？（2）她宁愿自己辛苦一点，也要送小孩去上培训班。（3）下班就早点回家，以免家里人担心。（4）就算他好心帮你，你这么大的人也要靠自己啦。（5）要么你去，要么他去，要么大家一起去。

（五）特殊句式综合训练

1.（1）B；（2）A；（3）C；（4）B；（5）D

2.（1）删去第一个"有"，（2）之但係—但是，（3）将—把，（4）费事—免得，（5）定係—还是

3.（1）他宁愿多花点钱到外面吃，也不想自己煮饭那么麻烦。（2）就算你知道这件事，也没有更好的办法。（3）你不要一边吃饭，一边玩手机。（4）这个项目很重要，不但要尽快完成，还要做得好。（5）我那把钥匙被我妈妈拿走了。（6）那些菜被他吃光了。（7）自行车被小偷偷走了。（8）你将这件事弄清楚再说。（9）师傅把车修好了。（10）我吃过兔子肉，你吃过没有？

参考文献

［1］方小燕.广州话里的疑问语气词［J］.方言，1996（1）：56-60.

［2］傅雨贤，余伟文，叶国泉，等.粤方言区人学习普通话趣谈［M］.广州：中山大学出版社，1984.

［3］黄伯荣，廖旭东.现代汉语（增订六版）［M］.北京：高等教育出版社，2017.

［4］黄年丰，齐环玉.普通话水平测试指南［M］.广州：暨南大学出版社，2012.

［5］李新魁，麦耘，林伦伦.广州人学讲普通话［M］.北京：语文出版社，1988.

［6］吕叔湘.现代汉语八百词［M］.北京：商务印书馆，1980.

［7］熊正辉.广东方言的分区［J］.方言，1987（03）：161-165.

［8］叶柏来.广东人学讲普通话辨音参考［M］.海口：三环出版社，1989.

［9］叶世雄.普通话水平测试手册［M］.广州：广州市语言文字工作委员会办公室，1998.

［10］袁家骅.汉语方言概要（第二版）［M］.北京：文字改革出版社，1989.

［11］詹伯慧.广东粤方言概要［M］.广州：暨南大学出版社，2002.

［12］张舸，黎意.普通话水平测试教程［M］.北京：北京师范大学出版社，2016.

［13］张燕翔，高然，陈佩瑜.对粤港澳普通话教程［M］.北京：北京大学出版社，1998.

［14］中国社会科学院，澳大利亚人文科学院.中国语言地图集［M］.香港：朗文出版（远东）有限公司，1987/1990.

［15］周国光，练春招，张舸，等.现代汉语概论［M］.广州：广东高等教育出版社，2014.

［16］周小兵.粤方言区人学习普通话教程［M］.北京：高等教育出版社，1997.

附录 1

普通话与粤方言常用词语对照表

普通话	拼音	粤方言	普通话	拼音	粤方言
拔	bá	掹	甭	béng	唔使
白天	báitiān	日头	鼻子	bízi	鼻哥
半天	bàntiān	半日	便道	biàndào	行人路
拌	bàn	捞	憋	biē	掬气
帮忙	bāngmáng	帮手	别	bié	咪
帮助	bāngzhù	帮手	别处	biéchù	第二处
傍晚	bàngwǎn	挨晚	别字	biézì	白字
包子	bāozi	包	别扭	bièniu	唔自然
雹子	báozi	雹	冰棍儿	bīnggùnr	雪条
宝贵	bǎoguì	矜贵	冰淇淋	bīngqílín	雪糕
抱	bào	揽	伯父	bófù	伯爷
爆竹	bàozhú	炮仗	伯母	bómǔ	伯娘
背（动）	bēi	㧐	脖子	bózi	颈
背诵	bèisòng	背	捕	bǔ	捉
本子	běnzi	簿	不	bù	唔
笨蛋	bèndàn	戇居	不必	bùbì	唔使

普通话	拼音	粤方言	普通话	拼音	粤方言
不但	bùdàn	唔单止	裁	cái	剪
不当	bùdàng	唔啱	踩	cǎi	踹
不得	bùdé	唔得	残余	cányú	剩落
不定	bùdìng	讲唔定	惭愧	cánkuì	唔好意思
不好意思	bùhǎoyìsi	唔好意思	苍蝇	cāngying	乌蝇
不禁	bùjīn	忍唔住	藏	cáng	收埋
不仅	bùjǐn	唔净只	叉子	chāzi	叉
不久	bùjiǔ	冇几耐	差	chà	曳
不觉	bùjué	唔经唔觉	差不多	chàbuduō	差唔多
不料	bùliào	想唔到	差点儿	chàdiǎnr	差啲
不平	bùpíng	唔公平	搀	chān	扶
不时	bùshí	久不久、	长寿	chángshòu	长命
		耐不耐	常常	chángcháng	时时
不是	bùshì	唔係	钞票	chāopiào	银纸
不像话	bùxiànghuà	唔似样	吵	chǎo	嘈
不行	bùxíng	唔得	吵架	chǎojià	嗌交
不许	bùxǔ	唔准	吵闹	chǎonào	嘈喧巴闭
不要紧	bùyàojǐn	唔紧要	吵嘴	chǎozuǐ	嗌交
不用	bùyòng	唔使	衬衫	chènshān	恤衫
不至于	bùzhìyú	唔至到	成天	chéngtiān	成日
不足	bùzú	唔够	成心	chéngxīn	存心
步行	bùxíng	行路	乘	chéng	搭
擦	cā	抹	乘客	chéngkè	搭客
猜	cāi	估	盛	chéng	贮、装
猜测	cāicè	估	吃	chī	食

普通话	拼音	粤方言	普通话	拼音	粤方言
池	chí	塘	打扰	dǎrǎo	滚搅、骚扰
迟	chí	晏	大锅饭	dàguōfàn	大镬饭
迟缓	chíhuǎn	迟	大拇指	dàmǔzhǐ	手指公
翅膀	chìbǎng	翼	大雁	dàyàn	雁
抽屉	chōutì	柜桶	大衣	dàyī	褛
绸子	chóuzi	绸（仔）	呆	dāi	戇
稠密	chóumì	密	带儿	dàir	带
除夕	chúxī	年卅晚	胆子	dǎnzi	胆
储藏	chǔcáng	收埋	但是	dànshì	但係
处处	chùchù	周围	当初	dāngchū	初时
穿	chuān	着	当中	dāngzhōng	入便
传染	chuánrǎn	过	导致	dǎozhì	引致
窗户	chuānghu	窗	捣乱	dǎoluàn	搞搞震
吹牛	chuīniú	车大炮	倒闭	dǎobì	执笠
蠢	chǔn	戇	稻子	dàozi	禾
此刻	cǐkè	呢阵	的	de	嘅
匆忙	cōngmáng	频蹸	蹲	dēng	踩
聪明	cōngming	精	凳子	dèngzi	凳
从来	cónglái	不溜	笛子	dízi	笛
从前	cóngqián	旧阵时	抵达	dǐdá	到
从容	cóngróng	他条	地	dì	地下
从小	cóngxiǎo	从细	地方	dìfāng	埞
凑巧	còuqiǎo	撞啱	地毯	dìtǎn	地毡
打架	dǎjià	打交	弟弟	dìdi	细佬
打交道	dǎjiāodào	拍交道	颠倒	diāndǎo	倒转头

普通话	拼音	粤方言	普通话	拼音	粤方言
电冰箱	diànbīngxiāng		蛾子	ézi	蛾
		雪柜	额	é	额头
跌	diē	跌交	儿女	érnǚ	仔女
丢人	diūrén	丢驾	儿子	érzi	仔
丢失	diūshī	唔见	耳朵	ěrduo	耳仔
东西	dōngxi	嘢	发抖	fādǒu	打震
懂	dǒng	识	凡	fán	逢
懂得	dǒngde	识得	反常	fǎncháng	唔正常
动	dòng	郁	饭店	fàndiàn	菜馆
动手	dòngshǒu	郁手	房东	fángdōng	屋主
洞	dòng	窿	房租	fángzū	屋租
兜儿	dōur	袋	仿佛	fǎngfú	好似
赌	dǔ	输赌	肥皂	féizào	番枧
肚子	dùzi	肚	费力	fèilì	嘥气力
缎子	duànzi	缎	愤恨	fènhèn	嬲
对不起	duìbuqǐ	对唔住	愤怒	fènnù	嬲
蹲	dūn	踎	风筝	fēngzheng	纸鹞
多（副）	duō	多	疯	fēng	癫
多半（副）	duōbàn	多数	疯子	fēngzi	癫佬
多亏	duōkuī	好在	锋利	fēnglì	利
多么	duōme	几	蜂蜜	fēngmì	蜜糖
多少	duōshǎo	几多	夫妇	fūfù	两公婆
哆嗦	duōsuo	打震	父亲	fùqīn	老豆
躲	duǒ	匿	付钱	fùqián	畀钱
躲藏	duǒcáng	匿埋	妇人	fùrén	女人

普通话	拼音	粤方言	普通话	拼音	粤方言
富余	fùyu	剩落	钩子	gōuzi	钩
覆盖	fùgài	冚	姑姑	gūgu	姑妈、姑姐
盖	gài	冚	谷子	gǔzi	谷
感谢	gǎnxiè	多谢	鼓掌	gǔzhǎng	拍手掌
干活	gànhuó	做嘢	固然	gùrán	固然之
干吗	gànmá	做乜嘢	故事	gùshi	古、古仔
刚	gāng	啱	故意	gùyì	特登、专登
刚才	gāngcái	啱先	顾不得	gùbudé	顾唔得
刚刚	gānggāng	啱啱	挂念	guàniàn	挂住
钢笔	gāngbǐ	墨水笔	拐弯	guǎiwān	转弯
稿子	gǎozi	稿	光棍儿	guānggùnr	寡佬
告诉	gàosù	话…知	广	guǎng	阔
哥哥	gēge	大佬	归	guī	返
胳膊	gēbo	手臂	归还	guīhuán	畀返
鸽子	gēzi	白鸽	闺女	guīnü	女
格外	géwài	零舍	柜台	guìtái	柜面
隔壁	gébì	隔篱	柜子	guìzi	柜
给	gěi	畀	贵重	guìzhòng	矜贵
跟随	gēnsuí	跟住	滚	gǔn	辘
跟头	gēntou	跟斗	棍子	gùnzi	棍
耕种	gēnzhòng	耕	锅	guō	镬
工地	gōngdì	地盘	过失	guòshī	错失
工钱	gōngqián	人工	还（副）	hái	仲
工资	gōngzī	人工	还是	háishì	仲係
沟	gōu	沟渠	孩子	háizi	细佬哥

普通话	拼音	粤方言	普通话	拼音	粤方言
害怕	hàipà	惊	还（动）	huán	畀返
害羞	hàixiū	怕丑	黄油	huángyóu	牛油
寒	hán	冷 / 冻	蝗虫	huángchóng	草蜢
喊	hǎn	嗌	回（动）	huí	返
好久	hǎojiǔ	好耐	回来	huílái	返来
好看	hǎokàn	好睇	回头	huítóu	转头
好说	hǎoshuō	好话	昏	hūn	晕
好玩儿	hǎowānr	好玩	混合	hùnhé	捞
好像	hǎoxiàng	好似	活	huó	生
好些	hǎoxiē	好的	活儿	huór	事
好样的	hǎoyàngde	好呖嘅	活该	huógāi	抵
喝	hē	饮	伙（量）	huǒ	班
何必	hébì	何须、何必	或是	huòshì	抑或
恨	hèn	嬲、憎	或者	huòzhě	抑或 / 係
恨不得	hènbudé	恨唔得	极（副）	jí	极之
猴子	hóuzi	马骝	急	jí	喉急
后来	hòulái	后尾	疾病	jíbìng	病
后天	hòutiān	后日	集市	jíshì	墟
呼吸	hūxī	透气	嫉妒	jídù	妒忌
胡（副）	hú	乱	挤	jǐ	迫
胡说	húshuō	乱讲、乱噏	给予	jǐyǔ	畀
胡同	hútòng	巷	家具	jiājù	家俬
胡子	húzi	须	假若	jiǎruò	若果
护士	hùshi	看护	坚固	jiāngù	结实
怀孕	huáiyùn	有身己	肩膀	jiānbǎng	膊头

普通话	拼音	粤方言	普通话	拼音	粤方言
监狱	jiānyù	监仓	静悄悄	jìngqiāoqiāo	静英英
拣	jiǎn	执	镜子	jìngzi	镜
捡	jiǎn	执	久	jiǔ	耐
简体字	jiǎntǐzì	减笔字	就是	jiùshì	就係
将近	jiāngjìn	临近	就是说	jiùshìshuō	就係话
将要	jiāngyào	就嚟	舅舅	jiùjiu	舅父
酱油	jiàngyóu	豉油	舅母	jiùmǔ	妗母
焦急	jiāojí	喉急	居住	jūzhù	住
嚼	jiáo	噍	橘子	júzi	柑桔
角落	jiǎoluò	角落头	据说	jùshuō	听话
搅拌	jiǎobàn	捞匀	开水	kāishuǐ	滚水
叫喊	jiàohǎn	嗌	开玩笑	kāiwánxiào	讲笑
轿车	jiàochē	小汽车、房车	开支	kāizhī	开销
教师	jiàoshī	先生、老师	看	kān	睇
教室	jiàoshì	课室	看	kàn	睇
结实	jiēshi	实净	看病	kànbìng	睇病、
接着	jiēzhe	跟住			睇医生
节省	jiéshěng	悭	看不起	kànbuqǐ	睇唔起
姐姐	jiějie	家姐	看见	kànjiàn	睇见
尽管	jǐnguǎn	即管	看来	kànlái	睇嚟
尽快	jǐnkuài	快快脆脆	看望	kànwàng	探
进来	jìnlái	入嚟	看样子	kànyàngzi	睇样
近来	jìnlái	呢排	扛	káng	抬
经常	jīngcháng	时时	靠	kào	挨
警察	jǐngchá	差佬	靠近	kàojìn	挨埋

普通话	拼音	粤方言	普通话	拼音	粤方言
可	kě	得	唠叨	láodao	吟沉
可巧	kěqiǎo	碰啱	老板	lǎobǎn	老细
可笑	kěxiào	好笑	老成	lǎochéng	老积
可行（动）	kéxíng	做得	老大妈	lǎodāmā	亚婆
渴	kě	颈渴	老大爷	lǎodāye	亚伯
孔	kǒng	窿	老人家	lǎorenjia	伯爷公
恐怕	kǒngpà	惊住	老太婆	lǎotàipó	伯爷婆
空儿	kòngr	得闲	老头儿	lǎotóur	伯爷公
空隙	kòngxì	罅	了（助）	le	喇
口袋	kǒudài	袋	累	lèi	瘰
哭	kū	喊	黎明	límíng	天蒙光
窟窿	kūlong	窿	里边	lǐbian	入便 / 里便
跨	kuà	缆	理睬	lǐcǎi	睬
块（量）	kuài	嚿	理发	lǐfà	飞发
快	kuài	快脆	立刻	lìkè	即刻
宽	kuān	阔	栗子	lìzi	风栗
宽畅	kuānchang	阔落	俩	liǎ	两个
垃圾	lājī	撒	连续剧	liánxùjù	剧集
拉	lā	拔	脸	liǎn	面
来	lái	嚟	脸盆	liǎnpén	面盆
来不及	láibují	嚟唔切	脸色	liǎnsè	面色
栏杆	lángān	栏河	链子	liànzi	链
浪费	làngfèi	嘥	凉	liáng	冻
劳驾	láojià	唔该	凉快	liángkuài	凉爽
牢固	láogù	结实	凉水	liángshuǐ	冻水

普通话	拼音	粤方言	普通话	拼音	粤方言
两口子	liǎngkǒuzi	两公婆	埋怨	mányuàn	怨
亮	liàng	光	盲人	mángrén	盲公
辆	liàng	驾	毛（量）	máo	毫
聊	liáo	倾	毛巾	máojīn	面巾
聊天儿	liáotiānr	倾偈 /	毛线衣	máoxiànyī	冷衫
		打牙骹	没	méi	冇
料（动）	liào	估	没错	méicuò	冇错
劣	liè	流	没关系	méiguānxi	唔紧要
邻居	línjū	隔篱屋	没什么	méishénme	冇乜嘢
凌晨	língchén	天蒙光	没事儿	méishìr	冇事
零钱	língqián	碎纸	没意思	méiyìsi	冇意思
零碎	língsuì	湿碎	没用	méiyòng	冇用
领先	lǐngxiān	打头	没有	méiyǒu	冇
留心	liúxīn	因住	美	měi	靓
聋（形）	lóng	臭耳聋	妹妹	mèimei	细妹
搂	lǒu	揽	们	men	哋
乱七八糟	luànqībāzāo	笠笠乱	迷失	míshī	荡失
略微	lüèwēi	稍为	米饭	mǐfàn	饭
啰唆	luōsuo	吟沉	蜜	mì	蜜糖
萝卜	luóbo	萝白	棉袄	mián'ǎo	棉衲
骡子	luózi	骡	面条	miàntiáo	面
马铃薯	mǎlíngshǔ	薯仔	面子	miànzi	面
马上	mǎshàng	即刻 /	名字	míngzi	名
		立即	明白	míngbai	明
骂	mà	闹	明亮	míngliàng	光

普通话	拼音	粤方言	普通话	拼音	粤方言
明年	míngnián	出年	那样	nàyàng	咁样
明天	míngtiān	听日	奶奶	nǎinai	阿嫲 / 嫲嫲
命运	mìngyùn	命	耐	nài	襟 / 襟用
模糊	móhu	蒙	男子	nánzǐ	男仔
蘑菇	mógu	菇	难道	nándào	唔通
陌生	mòshēng	生	难看	nánkàn	丑怪 / 恶睇
莫	mò	咪	恼火	nǎohuǒ	激气
谋求	móuqiú	谋	脑袋	nǎodai	头壳
模样	múyàng	样	脑子	nǎozi	脑
母	mǔ	妈	闹	nào	嘈
母亲	mǔqīn	老母	闹着玩儿	nàozhewánr	开玩笑
目睹	mùdǔ	眼见	内行	nèiháng	在行
目光	mùguāng	眼光	能干	nénggàn	呖
墓	mù	坟 / 墓	你们	nǐmen	你哋
拿	ná	攞	年轻	niánqīng	后生
哪	nǎ	边	年头儿	niántóur	年头
哪个	nǎge	边个	念	niàn	捻
哪里	nǎlǐ	边处 / 边度	鸟	niǎo	雀
哪些	nǎxiē	边啲	拧	nǐng	扭
那	nà	嗰	纽扣	niǔkòu	纽
那边	nàbiān	嗰便	浓	nóng	杰
那个	nàge	嗰嗰	弄	nòng	落力
那里	nàlǐ	嗰处	女子	nǚzǐ	女仔
那时	nàshí	嗰阵时	暖和	nuǎnhuo	暖
那些	nàxiē	嗰啲	呕吐	ǒutù	呕

普通话	拼音	粤方言	普通话	拼音	粤方言
偶尔	ǒu'ěr	间中	漂亮	piàoliang	靓
怕	pà	惊	拼命	pīnmìng	搏命
拍照	pāizhào	影相	贫	pín	穷
牌子	páizi	唛头	贫苦	pínkǔ	穷
盘	pán	碟	贫困	pínkùn	穷
判决	pànjué	判监 / 判	乒乓球	pīngpāngqiú	乒乓波
畔	pàn	边	瓶子	píngzi	樽
旁边	pángbiān	侧边	破	pò	烂
胖	pàng	肥	妻子	qīzi	老婆
胖子	pàngzi	肥佬	欺负	qīfu	吓
抛	pāo	掉	欺骗	qīpiàn	呃
抛弃	pāoqì	掉咗	漆黑	qīhēi	黑麻麻
跑	pǎo	走	齐全	qíquán	齐
泡	pào	浸	起初	qǐchū	初时
碰钉子	pèngdīngzi	撞板	气味	qìwèi	味
碰见	pèngjiàn	撞见	恰当	qiàdàng	啱
劈	pī	破	恰好	qiàhǎo	啱啱
疲惫	píbèi	癐	恰巧	qiàqiǎo	啱好
疲乏	pífá	癐	前天	qiántiān	前日
疲倦	píjuàn	癐	钳子	qiánzi	钳
疲劳	píláo	癐	欠	qiàn	争
屁股	pìgu	屎忽、啰柚	枪毙	qiāngbì	打靶
便宜	piányi	平	强盗	qiángdào	贼佬
片刻	piànkè	一阵间	抢劫	qiǎngjié	打劫
骗	piàn	呃	强迫	qiǎngpò	迫住

普通话	拼音	粤方言	普通话	拼音	粤方言
悄悄	qiāoqiāo	静鸡鸡	认识	rènshi	识
瞧	qiáo	睇	扔	rēng	掉
茄子	qiézi	茄瓜	日子	rìzi	日
勤俭	qínjiǎn	悭	容易	róngyì	易
勤劳	qínláo	勤力	柔软	róuruǎn	软熟
青蛙	qīngwā	田鸡	揉	róu	搓
清洁（形）	qīngjié	干净	如果	rúguǒ	若然、若果
清早	qīngzǎo	晨早	如何	rúhé	点样
球	qiú	波	如今	rújīn	而家
球迷	qiúmí	波迷	撒谎	sāhuǎng	呃大话
取	qǔ	攞	伞	sǎn	遮
取得	qǔdé	攞到	嫂子	sǎozi	嫂
娶	qǔ	讨	杀	shā	㓤
去年	qùnián	旧年	啥	shá	乜
去世	qùshì	过身	傻	shǎ	戇
圈子	quānzi	圈	傻子	shǎzi	傻佬
全部	quánbù	冚唪唥	筛子	shāizi	筛
全都	quándōu	冚唪唥	扇子	shànzi	扇
缺	quē	争	商标	shāngbiāo	唛
瘸	qué	跛	商人	shāngrén	生意佬、
然后	ránhòu	然之后			商家佬
嚷	rǎng	嗌	晌午	shǎngwǔ	晏昼
热水瓶	rèshuǐpíng	热水壶	赏	shǎng	打赏
人们	rénmen	人哋	上班	shàngbān	返工
忍不住	rěnbuzhù	忍唔住	上课	shàngkè	上堂

普通话	拼音	粤方言	普通话	拼音	粤方言
上面	shàngmiàn	上便	盛行	shèngxíng	时兴
上午	shàngwǔ	上昼	剩余	shèngyú	剩落
上衣	shàngyī	衫	失掉	shīdiào	失咗
捎	shāo	带	时常	shícháng	时时
勺子	sháozi	壳	时而	shíér	有阵时
少量	shǎoliàng	些少	拾	shí	执
少年	shàonián	细佬仔	食堂	shítáng	饭堂
舌头	shétou	脷	使劲	shǐjìn	用力
舍不得	shěbudé	唔舍得	市场	shìchǎng	街市
摄	shè	影	式样	shìyàng	款
摄影	shèyǐng	影相	侍候	shìhòu	服侍
身子	shēnzi	身	视	shì	睇
什么	shénme	乜嘢	是	shì	係
什么的	shénmede	乜嘢嘅	是的	shìde	係嘅
婶子	shěnzi	婶	适合	shìhé	啱
甚至	shènzhì	甚至乎	逝世	shìshì	过世、过身
生病	shēngbìng	唔舒服、病咗	收回	shōuhuí	收返
			收集	shōují	执埋
生怕	shēngpà	惊住	收拾	shōushi	执拾
生气	shēngqì	发嬲	手电	shǒudiàn	电筒
牲畜	shēngchù	畜牲	手套	shǒutào	手袜
绳子	shéngzi	绳	售货	shòuhuò	卖嘢
省	shěng	悭	叔叔	shūshu	亚叔
省会	shěnghuì	省城	蔬菜	shūcài	青菜
胜	shèng	赢	刷子	shuāzi	刷

普通话	拼音	粤方言	普通话	拼音	粤方言
衰弱	shuāiruò	弱	缩小	suōxiǎo	缩细
摔	shuāi	跌	他	tā	渠
甩	shuǎi	掉	他们	tāmen	渠哋
帅	shuài	威	他人	tārén	第二个人
拴	shuān	绑	太阳	tàiyáng	热头
爽快	shuǎngkuài	爽	谈	tán	倾
谁	shuí	边个	谈话	tánhuà	倾偈
水果	shuǐguǒ	生果	谈天	tántiān	倾偈
睡	shuì	瞓	毯子	tǎnzi	毡
睡觉	shuìjiào	瞓觉	探望	tànwàng	探
说	shuō	讲	塘	táng	池塘
说不定	shuōbudìng	讲唔定、话唔定	糖果	tángguǒ	糖
说法	shuōfǎ	讲法	倘若	tǎngruò	若果
说谎	shuōhuǎng	讲大话	躺	tǎng	靠
说明	shuōmíng	讲明	烫	tàng	渌
说情	shuōqíng	讲情	趟	tàng	均 / 趟
思	sī	谂	掏	tāo	挖
思念	sīniàn	挂住	逃走	táozǒu	趯
素质	sùzhì	质素	淘气	táoqì	百厌
塑料	sùliào	塑胶	讨厌	tǎoyàn	憎
虽说	suīshuō	虽然话	特意	tèyì	特登
随便	suíbiàn	是但	疼痛	téngtòng	痛
随着	suízhe	跟住	提	tí	拧
孙子	sūnzi	孙	提包	tíbāo	手提包
			替（介）	tì	帮

普通话	拼音	粤方言	普通话	拼音	粤方言
挑	tiāo	拣	晚上	wǎnshang	晚黑
挑选	tiāoxuǎn	拣	万万（副）	wànwàn	千祈
调皮	tiáopí	跳皮	往常	wǎngcháng	往时
听说	tīngshuō	听讲	忘	wàng	唔记得
亭子	tíngzi	亭	围巾	wéijīn	颈巾
挺（副）	tǐng	好	唯独	wéidú	独独
同伴	tóngbàn	拍挡	尾（量）	wěi	条
同屋	tóngwū	同房	尾巴	wěiba	尾
头子	tóuzi	头	为何	wèihé	为乜
投掷	tóuzhì	掟	为了	wèile	为咗
土豆	tǔdòu	薯仔	为什么	wèishénme	点解、
推	tuī	拳			为乜嘢
推迟	tuīchí	押后	温暖	wēnnuǎn	暖
腿	tuǐ	髀	稳当	wěndang	稳阵
退还	tuìhuán	退返	稳妥	wěntuǒ	稳阵
脱	tuō	甩	我们	wǒmen	我哋
脱落	tuōluò	甩	午饭	wǔfàn	晏昼饭
娃娃	wáwa	细蚊仔	西红柿	xīhóngshì	番茄
袜子	wàzi	袜	西面	xīmiàn	西便
歪	wāi	乜	吸烟	xīyān	食烟
外祖父	wàizǔfù	公公	膝盖	xīgài	膝头哥
外祖母	wàizǔmǔ	婆婆、外	媳妇	xífù	心抱
		婆、亚婆	洗澡	xǐzǎo	冲凉
豌豆	wāndòu	荷兰豆	喜欢	xǐhuan	中意
晚饭	wǎnfàn	夜晚饭	下班	xiàbān	落班

普通话	拼音	粤方言	普通话	拼音	粤方言
下课	xiàkè	落课	谢谢	xièxie	多谢
下来	xiàlai	落嚟	幸好	xìnghǎo	好彩
下面	xiàmiàn	下便	幸亏	xìngkuī	好在
下去	xiàqu	落去	幸运	xìngyùn	好彩
下台	xiàtái	落台	兄弟	xiōngdì	细佬
下午	xiàwǔ	下昼	许多	xǔduō	好多
下乡	xiàxiāng	落乡	叙谈	xùtán	倾偈
掀	xiān	揿	絮叨	xùdao	吟沉
闲	xián	得闲	选择	xuǎnzé	拣
香肠	xiāngcháng	猎肠	靴子	xuēzi	靴
香烟	xiāngyān	烟仔	寻找	xúnzhǎo	揾
香皂	xiāngzào	香枧	迅速	xùnsù	快脆
想	xiǎng	谂	压	yā	责
像	xiàng	似	鸭子	yāzi	鸭
像样	xiàngyàng	似样	淹	yān	浸
削	xiāo	批	严实	yánshi	密实
小	xiǎo	细	炎热	yánrè	热
小孩儿	xiǎoháir	细佬、细蚊仔	沿儿	yánr	边
			颜色	yánsè	色
小伙子	xiǎohuǒzi	后生仔	眼睛	yǎnjīng	眼
小麦	xiǎomài	麦	痒	yǎng	痕
小时	xiǎoshí	细个时	邀	yāo	喽
小心	xiǎoxīn	因住	邀请	yāoqǐng	喽
些	xiē	啲	要不	yàobù	唔啱
歇	xiē	唞	要么	yàome	一係

普通话	拼音	粤方言	普通话	拼音	粤方言
要命	yàomìng	攞命	椅子	yǐzi	凳仔
要是	yàoshi	若然、	因为	yīnwèi	为因
		如果係	婴儿	yīng'ér	苏虾仔
钥匙	yàoshi	锁匙	蝇子	yíngzi	乌蝇
爷爷	yéye	阿公	影子	yǐngzi	影
也许	yěxǔ	或许	拥挤	yōngjǐ	挤拥
叶子	yèzi	叶	用不着	yòngbuzháo	唔使
夜	yè	晚黑	犹如	yóurú	好似
夜班	yèbān	晚班、夜班	犹豫	yóuyù	犹疑
夜间	yèjiān	夜晚黑	游泳	yóuyǒng	游水
夜里	yèli	夜晚黑	有的	yǒude	有啲
一辈子	yībèizi	一世人	有的是	yǒudeshì	大把
一道	yīdào	一起	有点儿	yǒudiǎnr	有啲多
一点儿	yīdiǎnr	一啲多	有时候	yǒushíhou	有阵时
一定	yīdìng	一于	有些	yǒuxiē	有啲
一会儿	yīhuìr	一阵间	幼儿园	yòu'éryuán	幼稚园
一块儿	yīkuàir	一齐、一起	于是	yúshì	于是乎
一下儿	yīxiàr	一下子	愚蠢	yúchǔn	蠢
一向	yīxiàng	不溜	玉米	yùmǐ	粟米
一些	yīxiē	一啲	浴室	yùshì	冲凉房
衣服	yīfu	衫裤	遇见	yùjiàn	撞见
依旧	yījiù	照旧	圆珠笔	yuánzhūbǐ	原子笔
遗失	yíshī	唔见	月亮	yuèliang	月光
已经	yǐjīng	经已	匀	yún	匀存
以来	yǐlái	以嚟	宰	zǎi	刲

普通话	拼音	粤方言	普通话	拼音	粤方言
再说	zàishuō	再讲	这个	zhègè	呢个
在	zài	喺	这会儿	zhèhuìr	呢阵时
咱	zán	我哋	这里	zhèli	呢处
咱们	zánmen	我哋	这么	zhème	咁
攒	zǎn	揞	这些	zhèxiē	呢啲
脏	zāng	邋遢	这样	zhèyàng	咁祥
糟	zāo	弊	珍贵	zhēnguì	矜贵
糟糕	zāogāo	弊、弊家伙	真是	zhēnshì	真系
早晨	zǎochen	朝头早	真是的	zhēnshìde	真系嘅
早饭	zǎofàn	朝早饭	争吵	zhēngchǎo	拗
怎	zěn	点	争论	zhēnglùn	拗
怎么	zěnme	点	整个	zhěnggè	成个
怎么样	zěnmeyàng	点样	整齐	zhěngqí	齐整
怎样	zěnyàng	点样	整数	zhěngshù	齐头数
诈骗	zhàpiàn	呃	整天	zhěngtiān	成日
站	zhàn	企	整整	zhěngzhěng	啱啱
涨价	zhǎngjià	起价	正好	zhènghǎo	啱好
丈夫	zhàngfu	老公	正巧	zhèngqiǎo	撞啱
着凉	zháoliáng	冷亲	正在	zhèngzài	啱系度
找	zhǎo	揾	知道	zhīdao	知
照相	zhàoxiàng	影相	直到	zhídào	直头
照相机	zhàoxiàngjī	影相机	侄子	zhízi	侄
罩	zhào	笠	值班	zhíbān	当班
折	zhé	拗	只是	zhǐshì	只系
这	zhè	呢	掷	zhì	掟

普通话	拼音	粤方言	普通话	拼音	粤方言
终于	zhōngyú	卒之	滋味	zīwèi	味
竹子	zhúzi	竹	总数	zǒngshù	冚唪唥
柱子	zhùzi	柱	揍	zòu	揾
桩（量）	zhuāng	件	最初	zuìchū	初时
幢（量）	zhuàng	栋	昨天	zuótiān	琴日
桌子	zhuōzi	台			

附录 2

普通话与粤方言语法对照表

普通话	粤方言
一、词尾	
我买了一顶帽子、一条裤子。	我买咗一顶帽、一条裤。
把瓶子上的盖儿拧开。	将樽上嘅盖拧开。
二、能愿动词	
他很能说。	他好识讲嘢。
你能走吗？能走。	你行唔行得？行得。
可以看，不可以摸。	睇得，唔摸得。
他能听得懂。	渠听得明。
你应该吃药了。	你好食药啦。
你敢说他不是老板？	你够胆讲渠唔係老细？
三、动词重叠	
让我再想想。	畀我再谂下。
他说着说着就哭出来了。	渠讲讲下就喊咗出嚟。
四、趋向动词	
到深圳去。	去深圳。
到广州来。	嚟广州。
往上走走。	行上啲。

普通话	粤方言

五、数量词

这支笔是谁的？	支笔係边个嘅？
这朵花真好看。	朵花真好睇。
这本书是我的。	本书係我嘅。
这大米有一千三百公斤。	呢袋大米有千三公斤。
距离考试还有一个多月。	距离考试仲有个零月。
我们写作业用了一个半小时。	我哋写作业用咗个半钟。
他的工资每月有八千多。	渠工资每月有八千几。
吃一顿。	食一餐。

六、代词

咱们一块儿去吧。	我哋一齐去啦。
我们什么时候见面？	我哋几时见面？
你这房子多少平方呀？	你间屋有几多平方啊？

七、副词

菜太老了，不能吃了。	菜老得滞，唔食得喇。
这花儿多好看啊！	朵花几好睇啊！
我太紧张了。	我紧张得滞。
她非常可爱。	渠好得意啊。
反正我是不会去的。	横掂我係唔会去嘅。
难道你真的要走？	唔通你真係要走？
我明天一定去。	我听日梗去。
你光吃蔬菜怎么行呢？	你净係食青菜点得噶？
这些东西我不怎么吃。	呢啲野我唔点食乜滞。
今天不用上班。	今日唔使上班。

普通话	粤方言

八、介词

我的书被别人借走了。	我本书畀人借走咗。
我们被他骂了一顿。	我哋畀渠闹咗一餐。
面包掉在地上了。	面包跌咗落地。
你把钱放在桌子上吧！	你放钱响台上啦！
我们从这条路上白云山。	我哋运呢条路上白云山。
我替他抱不平。	我戁渠唔抵。
为了你，我一整晚都没睡。	为咗你，我成晚都冇瞓。
你来之前跟我说一声。	你嚟之前同我讲声。

九、连词

你和我一起去。	你同（埋）我一齐去。

十、动态助词

我带着钱呢。	我带住钱嘞。
他看着看着就睡着了。	渠睇睇下就瞓着咗。
我们都等着你呢！	我哋都等紧你啊！
这件事我说过。	呢件事我有说过。
今天上午他来过。	今日上昼佢有嚟过。
他踢着了门。	佢踢亲道门。
吃完再回家吧。	食埋先返屋企喇。

十一、结构助词

这是你的字典。	呢本係你嘅字典。
我们慢慢地走。	我哋慢慢噉行。

十二、语气词

我吃了饭了。	我食咗饭喇。

普通话	粤方言
他就是这样的了。	渠就系咁嘅啦!
这样怎么能行呢?	咁样点得㗎?
不是很冷嘛。	唔系好冻啫!
是吗?你不认识他嘛?	系咩?你唔识渠咩?
不是吧?	唔系啩?
这本书是你的?	本书系你嘅?
你忙什么呀?	你忙乜嘢啊?

十三、状中结构

别客气,你先走。	唔使客气,你行先。
注意,少喝点酒对身体有好处。	注意,饮少啲酒对身体有益。
你再吃一碗。	你食多碗添啦。
这朵花儿很红。	朵花红得滞。
你多吃一点。	你食多啲。
多用一点时间来陪孩子。	攞多啲时间嚟陪个仔。
今天多送你一点礼物。	今日送多啲礼物畀你。
请你多喝两杯。	请你饮多两杯。
你慢点儿讲。	你讲慢啲。

十四、述补结构

这件事现在还定不了。	呢件事而家仲定唔到。
妹妹只吃得了半碗饭。	阿妹净食到半碗饭。
他走回学校去。	他行返去学校。
你先把书包放回课室去。	你将个书包放返去课室先。
你看不到我。	你睇我唔到。
我打不过他。	我打渠不过 / 我打唔过渠。

普通话	粤方言

十五、双宾句

把书给他。	畀本书渠。
我给他三斤苹果。	我畀三斤苹果渠。
送我一件衣服。	送我件衫（畀）我。

十六、比较句

牛比猪大很多。	牛大过猪好多。
四川省比广东省大。	四川省大过广东省。
我唱歌比他好。	我唱歌好过渠。
你比我矮。	你矮过我。
我一米六，你一米八，我没有你高。	我米六，你米八，我冇你咁高。
一天更比一天好。	一日好过一日。
哥哥长的不比我高。	哥哥生得唔够我高。
这本书不比那本好看。	呢本书冇嗰本书好睇。
全班没有比他再聪明的了。	全班冇人聪明得过渠。
他跑得不比我快。	渠跑得冇我咁快。
你穿着它不比我穿着好看。	你着住渠冇我着住咁好睇。
他不会比你差。	渠唔会差得过你。
我不如他。	我冇渠有料。

十七、把字句

我们把他抓起来。	我哋捉渠起身。
我把他拉上去。	我拉渠上去。
我把他推到地上。	我推渠落地。

普通话	粤方言

十八、疑问句

行不行？	得唔得 / 得冇？
你到底答应不答应我？	你究竟应唔应承我？
到了吗？	到未？
那部电影你看过吗？/ 那部电影你看过没有？/ 那部电影你有没有看过？	嗰出戏你有冇睇过？/ 嗰出戏你有睇过冇？

十九、复句

宁肯我去，也不能叫你去。	情愿我去，都唔可以叫你去。
因为今天下雨，所以我没有上学。	事关今日落雨，我冇返学。
你去还是他去？	你去定渠去？
这件衣服很漂亮，但不适合我。	呢件衫几靓，之不过我唔啱着。
多穿一件衣服，免得着凉。	着多一件衫啦，费事冻亲。

普通话与粤方言常用量词选择对照表

说明：

1. 所收的量词与名词搭配多为常用的，或普通话与广州话有较大差异的。打头的是普通话量词。

2. 量词与名词的搭配多为多元交叉，因此，词表中的量词或名词可能不止一次出现；有的名词在广州话里可以与某些普通话没有的量词搭配，也可以与普通话里有的量词搭配。

3. 六角括号〔 〕内的表示的是与前面名词搭配的另一个量词；方括号［ ］内的表示的是与后边名词搭配的广州话量词。

普通话量词	拼音	所搭配的名词
把	bǎ	剪刀 铲子 铁锹 镐头 ［张］菜刀 椅子 锁〔个〕钥匙 ［只］茶壶 酒壶 ［拃］米 草 花生
帮	bāng	［班］人 家伙
部	bù	［本］字典 著作 书 ［出］电影 戏 ［只］电话 ［架、台］汽车
场	cháng	雨 雪 病（得了一~病） 大战
场	chǎng	球赛（足球） 体育竞赛（拳击）演出（歌剧 话剧 舞台剧 杂技 曲艺）

普通话量词	拼音	所搭配的名词
串	chuàn	［抽］钥匙　荔枝　［梳］香蕉
滴	dī	眼泪　汗水　血　水　油
顶	dǐng	帽子　轿子　［堂］蚊帐
朵	duǒ	花　［嘟］云
顿	dùn	［餐］饭
副	fù	扑克牌　麻将牌　眼镜　［对］手套　手镯　球拍
个	gè	孩子（儿子　女儿）　人（男人　老人）（广州话"丁"形容人少：只有两～人） ［只］杯子　盘子　碟子　瓶子 ［只］水果（梨　苹果　香蕉　橘子　桃儿） 玩具（布娃娃　小汽车　飞机　皮球） 太阳　月亮　［只］鸡蛋　馒头　饺子 国家　省　市　县　区　乡　村　故事
根	gēn	［支、辘］竹竿　电线杆　甘蔗 ［条］油条　葱　［支］火柴　冰棍儿 ［条］绳子　线　电线　头发 ［支、口］香烟〔支］［口、眼］钉子　针
盒	hé	［饼］录音带　录像带
伙	huǒ	［班］人　家伙
间	jiān	房子　屋子
件	jiàn	行李　衣服（大衣　上衣　衬衣　毛衣）［单］事儿　案子
卷	juǎn	［筒］胶卷　卫生纸
棵	kē	［奋］树　花　草　［奋、条］白菜　葱　黄瓜（条）
颗	kē	［粒］珍珠　宝石　星星　种子　纽扣　药丸　［个］心
口	kǒu	［只］大钟　大锅　大缸　［啖］饭　茶　气　［只］猪〔头］ ［笃］痰　口水　人〔个］

续表

普通话 量词	拼音	所搭配的名词
块	kuài	糖 橡皮 〔嚿〕砖 石头 肥皂 馒头 布 衣料 〔嚿〕肉 〔砖〕豆腐 腐乳 〔蚊〕钱〔元〕
捆	kǔn	〔扎〕草
粒	lì	种子 米
辆	liàng	〔部、架〕汽车 摩托车 三轮车 自行车 〔架〕马车
盘	pán	〔碟〕菜 花生
匹	pǐ	绸缎 布 〔只〕马
片	piàn	肉片 云 阳光 心意 〔粒〕药片
瓶	píng	〔支、樽〕酒 饮料
扇	shàn	〔道〕门 窗户
束	shù	〔扎〕花
双	shuāng	手 〔对〕鞋 袜子 筷子
首	shǒu	诗 〔支〕歌 乐曲
所	suǒ	〔间〕学校 医院
套	tào	衣服 西装 住宅 家具 餐具 茶具 医疗设备
台	tái	〔部〕机器 收音机 电视机
条	tiáo	裤子 腰带 毛巾 手绢儿 绳子〔根〕 辫子 鱼 香烟 肥皂
头	tóu	〔只〕牛 驴 骡子 骆驼 猪〔只〕 〔只、嚿〕蒜
尾	wěi	〔条〕鱼〔条〕
窝	wō	〔窦〕鸡 小鸟 老鼠
盏	zhǎn	〔眼〕灯
张	zhāng	〔纸〕相片 唱片 桌子 〔铺〕床 〔块〕大饼 脸（"这张脸"广州话说"呢块面"） 嘴（"一张嘴"广州话 说"一把口"）

普通话量词	拼音	所搭配的名词
种	zhǒng	［只］颜色 布 ［类］书
只	zhī	鸡 鸭 鸟 老鼠 兔子 猫 狗 羊 骆驼 老虎 昆虫（蚊子 苍蝇 蜻蜓 蝴蝶） 小船 游艇 成双物品之一（鞋 袜子 手套儿 袖子 手 脚 眼睛 耳朵）
支	zhī	笔 蜡烛 笛子 牙刷 枪 箭
桌	zhuō	［围］酒席
座	zuò	石碑 ［个］城市 水库 ［间］工厂 ［栋］住宅 ［条］桥